問い直しファッション考

なんでそう着るの？

江弘毅　KOH HIROKI

AKISHOBO

なんでそう着るの?
問い直しファッション考

目次

はじめに――衣食住とモード

人の生活の基礎である「衣・食・住」。誰もが知る言葉だが、なぜそういう順番になったかは知らない。どうして「衣」が一番先なのだろうか。

これは荒っぽい言い方だけど、「食べる」や「住む」は、猿やライオンはじめ鳥類にも共通することがらだ。ところが「衣」は人間だけのもので、これが言葉や火を使うことと同様に動物と人を分節するものだ。動物にはヒトのような社会はないので、単純に書けば「服を着ることの社会性」というものだろう。

日本語には「身ぐるみ剝《は》がされる」という言葉がある。

古今亭志ん朝の持ちネタで有名な古典落語「文七元結」では、博打で負けた主人公が身ぐるみ剝がされる。裸だと賭場から帰れないので、「みい坊」の半纏を借りて帰る。子供の半纏なので尻が丸見えで恥ずかしくも帰ってくるこの話と、吉原へ売られそうになった娘を救いにいくために、自分の着るものがないので妻の着物を着て駆けつける話が中盤から出てくる。この人情噺の大団円は、

古今亭志ん朝　昭和世代にとって東西を問わず古典落語の名手といったら思い浮かぶ。上方落語を聞き関西弁を話す日常にとっては、師の東京弁こそが江戸ッ子を想像させた。２００１年死去。

「わたしの着物がありゃアしない」。裸の妻と、綺麗に着飾った吉原から帰ってきた娘が抱き合って涙を流すシーンだ。

人の日常生活にとって不可欠なのが衣服なのだ。ファッション以前の話である。

金子光晴の次の詩はもっとシビアである。

有名な「猿又のうた」すなわち「詩のかたちで書かれた一つの物語」から。

父と子が二人で
一枚の猿又しかもってゐないので
かはり番こにはいて外出する。
この貧乏は、東洋風だ。

父のすねには、捲毛があり
子のすねには、うぶ毛、
父には何十年すぎてこの貧乏。
子には何十年をひかへてこの貧乏。

金子光晴　戦前から戦中、戦後にかけて、反権力と反戦のスタンスで『こがね蟲』『落下傘』などの詩集を発表してきた。この「猿又のうた」は自叙伝『マレー蘭印紀行』を読めばその背景がわかる。

貧乏に吸ひとられて
ひょろめく人間。
貧乏とはつまり骨と皮だけで
血と肉の乏しいことだ。

貧乏に泥《なづ》んだふるい東洋では
人生とは、不自由のことなのだ。
苛斂《かれん》、誅求《ちゅうきう》にも甘んじて
いつでも荒地にかへる覚悟だ。

風に吹き散る富貴を蔑み
天から授った赤貧をたのしみ、
死んでゆくときのこすものといへば
猿又一つしかなにもないことだ。

父が死んだので、子は

前よりもゆたかになった。
二人で一つの猿又が
一人の所有になったからだ。

だが、子供が水浴びしてゐるとき
蟹が猿又をひいていったので
子は誰よりも貧乏な
無一物となりはてた。

そして子は、毎晩夢にみた。
失った猿又のゆくへを。
誰かがそれをはいて
世間のどこかを横行するさまを。

子は知った。猿又なしでは
泥棒や乞食にもなれないと。

猿又なしでは、人前に
じぶんの死様もさらせないと。
（後略）

詩が始まる前書きに「猿又一つしかない父子の話は、世界のうちでも特別貧しい、安南国につたわる伝説」と能書きを書くが、なかなか考えさせられる金子ならではの服についての詩である。

ここから人間社会の「衣」の意味に引っ張ると、何をどう「食」おうと、どこでどういうふうに「住」もうと、こちらは勝手すなわちプライベートなのだが、「衣」に関しては、それなしでは、人の前へ出ることはできない。

臨床哲学の鷲田清一さん流に言うと、〈わたし〉の存在の表面が〈わたし〉の服であり、それが猿又であるのだ。猿又を穿かないと、存在の表面がないので「外の社会」には出られない。

なのでファッションは、始原的な人間の「服の社会性」とは決して切り離されない。そしてもう一段「服を自分で選んで着る」次元をあげたレベルで「ファッションという世界」がブレークダウンする。

鷲田清一　おびただしい量の著作があるが、この本ではファッションやモードについて氏の引用をする。京都の下町生まれ育ちで、その独特の街的身体感覚は『京都の平熱　哲学者の都市案内』（講談社学術文庫）で読み取ってほしい。

ひとは、いつ、服を着はじめるのだろうか。生まれてすぐではない。生まれてすぐ、ひとは布でくるまれる。でも、それはじぶんで服を着ることとはちがう。じぶんが他人の眼にどんなふうに映っているか？——そういうことを意識しだしたとき、つまり他人の視線にまで想像力がおよびだしたとき、ぼくらははじめて服を選んで着る。ファッションのはじまりだ。

（『ちぐはぐな身体《からだ》　ファッションって何？』ちくま文庫）

とある。学術書とか一般書とかそういう構えがないので読みやすい。

この本のあとがきには、「十代向けのシリーズの一冊としてこれを書いて……」

飾ったり、突っぱったり、ひねくれたり、ふてくされたり……。ファッションはいつも愉しいが、ときどき、それが涙に見えることがある。

二〇〇四年十一月

鷲田清一

「文庫版あとがき」はそう結んでいる。

この本がはじめに単行本として上梓された１９９５年頃、鷲田清一先生が関西大学から大阪大学に移られてしばらくしたぐらいの時に、わたしはすごく懇意にしていただいた。

わたしが岸和田のだんじり祭礼関係者だということで、その話が大層面白がられたうえに、もともと洋装店の出身で服が好きで、月刊誌ではファッションページを担当していたものだから、よくモードやファッションの話をわいわいとさせていただいていた。鷲田さんは結婚式の披露宴にもヨウジヤマモトの服を粋に着ていた。

すぐのち、わたしが編集長をしていた月刊『ミーツ・リージョナル』誌で、鷲田さんと永江朗さん（このちくま文庫の解説を書いている。彼も服好きです）との対談連載「哲学上方場所」がはじまり、数年後に単行本化されたのだが（『哲学個人授業』バジリコ、のちちくま文庫）、その最中に鷲田教授は大阪大学の副学長そして総長になられた。

鷲田さんは、その頃からわたしらに、ご自身の専門の「身体」とか「ファッション」を哲学、現代思想の用語を使わずに話していた。

メルロ＝ポンティの「知覚の現象学」については、わたしにペンを持たせて、「これでコップをなぞって、なんで丸いと分かるんやろ。ポンティはそういうことを考

ヨウジヤマモト　デザイナー山本耀司は１９７２年に自らのブランドY'sを立ち上げ、81年パリコレデビュー。コムデギャルソンの川久保玲と共に、「黒の衝撃」を世界中に大ブレークさせた。

メルロ＝ポンティ　ポンティについての著書も多い鷲田清一によれば、デカルト以降の全哲学史をやり直した。「哲学とはおのれ自身の端緒がたえず更新されてゆく

えた」とか、永江さんが解説で書くように、鷲田さんは冗談が好きでいつもニコニコと京都弁で話されるし、文章は標準語で書かれているように見えるが京都〜関西弁のイントネーションである。

「オム・プリュスの新しいプラスチック・コーティングのジャケット」については「ちょっと犯罪的やねえ」、「ジーパンのタテ落ち」や「抜群に着古したケンゾーのジャケット」は「茶の湯みたいやなあ」とかである。

さすが「臨床哲学」の先生、「地に足がついているカッコよさがあるなあ」と思った。

鷲田さんが「ぼくの友人の話」、という前置きで語ってくれたのだが（しばしば著書に書かれている）、普段スーツを着ない父親が子どもの授業参観にきちっとスーツにネクタイを締めて小学校へ行ったところ、担任の先生がジャージ姿で授業をやっていた。それを見た父親は頭にきて、「その服装はないだろう」と詰問した。『ひとはなぜ服を着るのか』（ちくま文庫）では、「先生のジャージー姿に、傷つくどころか、侮辱されたと言っていました」と書いている（「衣服のホスピタリティ」）。

授業参観で先生が着るべきなのが「背広」である。ダブルの6つボタンピークドラペルだとか、既製の吊るしじゃないオーダー製だとか、ダンヒルだとかユニクロとか、そういう話ではない。

経験である」ことであり、精神と物体の両義的な存在としての「身体」を考え抜いた。

タテ落ち　ヴィンテージ系のジーパンの典型的な色落ちのことで、縦方向に雨だれのように白い部分があらわれることからそう呼ばれるようになった。

学校教諭の服、これはわたしの小学生の頃の記憶にもあるが、旧い城下町の岸和田では、昭和の昔の先生はきちっとスーツを着ていた。三つ揃いの背広の先生もいたなあ。チョークで汚れるのがいやな先生は、スーツの上に白衣を着ていた。事務用の黒い腕カバーをしている先生も記憶にある。女性の先生はカットソーやニットではなく、ツーピースのスーツを着ていた。そういえば昭和23年生まれの兄の小学校の卒業式の写真には女性の先生が袴姿で写っている。

この場合のスーツは、警官や客室乗務員の制服あるいはユニホームではない。「背広姿」などと表象される男性のスーツは便利なアイテムで、服に関してあんまりあれこれやってきてなかった人でも、それなりにちゃんと（普通に）着れば、まわりの人の気持ちを害したりしない。

「なにかを食べに店に行くとき」もそうで、たとえば鮨屋にアロハシャツを着ていくのはどうだろうか。鰻屋とか「そういうとこ」にはワイシャツと背広で行くのがエエんじゃないか。

旧い料理屋や鮨屋の大将は、割烹着のVゾーンからシャツとネクタイを覗かせていたし、こと和食に関しては、客の前に立って料理姿が見える人は、Tシャツにキャップ、という出で立ちではなかった。

もう亡くなられたが、神戸の旧外国人居留地にある創業100年になる老舗の洋食店のシェフは、BMWのサイドカー付き大排気量のバイクに乗るような人だったが、いつも立て襟ダブルのコックコートのボタンを一番上までかけて、びしっと粋に着こなしていた。ちらっと厨房からその姿が見えるだけなのに、その店の料理や雰囲気をコックコート1枚で表現するダンディな昭和一ケタ生まれの男性だった。

服について極端な逸話としての落語の「文七元結」も金子光晴の「猿又のうた」も、鷲田清一の「教諭のジャージ姿」でもそうだが、やはり「徹底的に実生活的な場所において実際に外見がさらされる」みたいに浮かんでくる場面での人の姿にこそ、服やファッションを語る際のリアリティがある。雑誌および一般書籍の編集者として言うと、服やファッションについては、そこのところが書けないと読めたシロモノではない。

鷲田さんとの服の話は、そういう「語り口」だったと思う。実にリアルで愉快な服についての話であり、「服を着る」ということは実人生であり、モードやファッション以前に、いま現に生きていることの調子や社会にどう関わっているかを表しているようだ。

本書は、もう3年以上も前、フェイスブックで連れ合いの青山ゆみことやりはじめた【玄関先ですんません】シリーズが、「面白い」ということで始まったWeb連載だ。

外出するわたしを玄関先に立たせて、青山が写真を撮る。その日に着た服のコーディネートやアイテムやそのブランドのことについて、わたしが「いまから着ていく服」のことをあれこれと喋る。

それを青山が解説しながらコメント的に書く。コメントのスタンスは基本的に「大まじめな揶揄」である。

そういうことだったが、やり始めると「ちょっとその格好はないんちゃう」「わからんわ、そのブランドの話」「命がけやなあ」といったコメントにわたしは苛立ち、それに対していちいち「わかってないなあ」「ちょっと違うなあ」「これを書いといて」とか言うものだから、青山は「めんどくさいから自分で書いて」と解説を投げ出した。

「毎日どこか行くために服を選んで着る」という行為は、猿又も上着もずらりとあって何遍も「断捨離」を頭に浮かべるわたしにとっては、それこそ遊びじみているが、それを「書き出そう」となるとなかなか力が入る。

連載が始まると同時の2019年末に、新型コロナウィルス感染が報告され、1

月に入ると事態は深刻になった。

いわゆるステイホーム、家に居ることが多くなる。家では暑かったら短パン、それ以外はジャージで済ましてしまう。するとと外に出るときに「着替える」こと、すなわちそのとき必ず「違う服」を着ることになるので、そのあたりについて考えるようになった。

連載が始まる際に、担当編集者と打ち合わせしてあらかじめリストアップしたのは、ジーンズやコートなどのアイテム、あるいは「コムデギャルソン」とかのブランドについて。ストリートファッションやあの頃のイタリアものをどう着るかの「着方」について。

それらのテーマに添って、その企画案を反芻するように脳裏に浮かべて進めるのだが、そもそもの連載のネタである、外に出るときに「この服を着よう」となるモード的な意識はなにか。ほとんど家でいる身で、外に出るときに「違う服を着る」というのは、「複数のわたし」をつくっていくことではないのか。

緊急事態宣言が出たり解除されたりの長引くコロナ禍は、この連載を書くにあたってそういうことに気づかせてくれた。

2020年4月の新学期になって、「緊急事態宣言」とシンクロするように冠動

コムデギャルソン　1969年に川久保玲によって設立されたブランド。黒、ボロルック……の前衛的なスタイルで80年代に世界中に旋風を巻き起こした。最近は赤いハートに眼が描かれたPLAYシリーズのTシャツやスニーカーなどが大ブレーク。

脈の狭窄《きょうさく》で2回入院した。よけいに「外に違う服」を着ていくことが少なくなってしまう。

ついに秋には足首を骨折して手術入院。退院したのは年末で、２０２１年になって2～3カ月間は松葉杖での生活だった。

怪我をした片足を固定具で留めて松葉杖（1本だけ）をついて外に出る。電車に乗ったり店に行ったり、会議に出たり取材に行ったりトークショーにも出たりしたのだが、その際にその足の靴が履けない。

「片足だけサンダルで片足が靴」のコーディネートは難しい。ジーンズやチノパンのボトムだけじゃなくてスーツも試したが、「わたしは怪我をしています」というメッセージをどれくらい「包もうとするか」が、「違う服を着ること」の根本にあると諒解した。

靴を（片足）履けないということについて、家でいるときのように楽なジャージを穿いて外へつまり社会に出られないかと、それまでのアディダスやナイキ、ラコステといったスポーツウェアのブランド以外にも手出しした。

バナナ・リパブリックの公式サイトを見ると「フリースジョガーパンツ」「フレンチテリージョガーパンツ」「スーピマニットジョガーパンツ」とかがあって、そ

バナナ・リパブリック　ファストファッションの先駆的存在だったGAP社傘下のブランド。日本ではTシャツなどカジュアルなアイテムが80年代後半からロサンゼルスやハワイの土産として重宝された。２０００年代に入って日本進出。東京や大阪でブティックを見かけるようになった。サンフランシスコの人が好きそうなヨーロッパ・テイストが感じられる。

ういう新しいモード的な言い方を発見した（ややこしいな）。けれどもそのココロは、「固定具を外すまでの数カ月間だけ」を想定してパンツを選んでいる。これは「雨降りのときの傘みたい」な使用価値の消費軸と、ファッションの流行軸がもろ交差している。

部屋で寝転びながらケータイでメルカリに入って、「ポール・スミスはどんなジャージ出してるのか」と検索して、「ジャージ／パンツ」ではなく「スウェットパンツ」でよく引っかかるのに気づいたし、1000円そこそこで出されていたR・ニューボールドの紺のスウェットパンツを発見して、実際に買ったりもした。

実際はあきれるほどユニクロだらけで、「スウェットパンツ」を通じてユニクロというブランドと自分の考えるモードとの網の目みたいなものがよくわかったのは、いくら安くても自分が欲しいとは思わなかったことだ。

言い訳がましくなったが、連載が長く中断したり遅れたのは、自分の入院もあったが、ファッションやモードを書く際に、「何から話を始めるかの端緒」にぶち当たったからだ。

ポール・スミス　1970年代にセレクトショップから立ち上がったイギリスのブランド。パステルタッチのストライプ柄、写真プリントなど、自由自在な表現でフォーマルからカジュアル、小物までを展開。日本では大阪に本社のあったジョイックスコーポレーションが80年代からライセンス契約を結んでいる。

R・ニューボールド　1800年代にさかのぼる英国のブランド。軍隊、警察や消防のオフィシャル、道路作業や工員の作業服などに定評があったが、1990年に倒産危機に陥った際、ポール・スミスが伝統ある工場を買い取った。ポール・スミスのセカンドラインというより「がっちりアイテム」のブランド。日本では2016年にブランドが撤退した。

「個性」はいるのか

たとえば弁護士や銀行員、不動産会社や高級外車の営業マンは、ゴルチエやギャルソンのスーツはいくらカッコいいといってもアカンだろう。紫とかの色、花柄とかのそれも差し支えあり。

というところから、服は「じぶんの個性の主張のために着る」というのはNGだと思うに至った。

スーツはとくにそうだ。冒頭の堅い仕事の人々も、見てくれナンボの「おしゃれ商売業界」の人らも、アーティストや作家とかのいわゆる自由業のみなさんも、カッコいい人はひとことで言うと「収まっている」。

「この人オシャレやなあ、カッコいいなあ」と感じる心は大切にするべきものだ。

服のカッコよさは、街や仕事場や店や電車の中、つまり社会のうちにあるので、いろんな意味を含んでいる。企業の社長にしても大工さんにしても、「カッコいい人だなあ」と思うことは、人としてカッコいいから服もカッコいいということにな

ゴルチエ ジャン＝ポール・ゴルチエ。アバンギャルドなデザイナーとして80年代に一世を風靡し、今なお色あせない。ショーの最後に登場する自身の黒のラコステのポロやリーバイスのジージャンの落差とその着こなしのカッコ良さにため息が出る。

るのだろうか。

外見たとえばスーツだけがカッコいい（はずの）ものを着ているが、中身は空っぽペラペラである、というのも見てわかる（このごろの具体的な政治家が思い浮かぶ）。それが「人となり」というものなのだろう。

とことんカッコよくデザインされたスーツ（たとえばアルマーニとか思い浮かべてください）をカッコよく着ることが難しいというのは、ある程度あれこれとスーツを着た人であればわかることだ。加えてドルチェ&ガッバーナを着てもエルメスを持ってもダサい人はダサいし。

じぶんをカッコよく見せようとして、わたしらは「そういうこと」をするのだが、ここでは「そういうこと」のあれやこれやに入り込んで、一つずつ「そういうこと」を見ていき書いていくことにする。それは結構恥ずかしいことであるが、ええい、もうこの年や何でもやりまっせ〜、というベテランの技芸者の境地だ。

さて「個性の主張」だが、それは「出るところへ出る」ときのスーツに限っていえば、絶対してはアカンことである。

わたしが神戸大学の学生だった１９８０年頃、中学生からのヤンキーを長く保っ

ル・コルビジェが 1947 年にアルニスで「こんな服あったら」と誂えた「Forestiere（フォレスティエール)」。このジャケットの流布で、日本の建築家や芸術家、そしてその予備軍が「マオ・カラー」(実際そうではないが）を好んで着るようになった（BROWN BROWN KOBE で)。

てそのまま22歳にしたような同級生がいた。漁港があった神戸市垂水区の下町育ちで、「神戸市垂水区」をわたしが育った「大阪府岸和田市」に直すだけで、まったくよく似た街的環境で育ったわたしとは気があった。

だんじり祭で育ったわたしも当然、中坊の時はヤンキーであったが、すでにその時代の大阪、神戸ではアメリカ西海岸の風が吹いていて、わたしはロン毛のサーファーだった。かれはポマードでリーゼントに固めた頭で、かけていたメガネは斜め45度。クルマは三菱ギャランGTOをシャコタンにして乗っていた。

かれもわたしも4回生になって、今でいう「就活」で先輩を頼って会社訪問するようになる。わたしはロン毛を切った（今から思えばちょっとだけでロン毛はロン毛）が、かれはそのままのリーゼント頭で会社訪問にも行くのであった（まあその時代はロン毛よりははるかにマシだったが）。

神戸大は伊藤忠とか日商岩井とかの関西系総合商社に強くて、かれも当然そのパイプラインに乗って会社訪問する。リクルートスーツなんてない時代だ。だから男子の場合、紺が基本ではあったがグレーのスーツを着る学生もいたし、体育会系は学ランを着ていくものもいた。

が、白のバギーはアカンやろ。

中坊　中学生の坊主の略。「子どものくせに」という蔑みのニュアンスがある。

シャコタン　クルマのサスペンションを改良して車高を落としたクルマ。ソレックスやウエーバーのキャブレター仕様の90年代以前の旧車が似合う。

バギー　ここではバギースーツのこと。ダブルの打ち合かれは「夏やし白や」ということで「そういうこと」をして行ったのだが、先輩は受付でかれの姿を一目見て、「今日は悪いけど帰ってくれ」と言ってそのままグッドバイ。門前払いされて帰ってきたかれは「個性がわからん会社は、これから伸びん」ということをわたしに主張するのだったが、「それはお前が間違っとる」。カッコいいとかダサいとか以前の話で、迷惑やないかということがわからんか？ スーツはとくに「他者にやさしい服」でないとアカンのである。

わせピークドラペルの上着に、だぼっと極太で引きずるようなパンツ。アメリカの20～30年代のギャングみたいなスタイル。たまに見かけると懐かしい。

服に正統なんてあるのか

雑誌『LEON』の特集タイトル的な「モテるオヤジはスーツで攻める！」というのを真に受けるのも恥ずかしいが、「チェンジポケットは必須」「袖口は必ず4つボタン本切羽《ほんせっぱ》」、ひいては「ブリティッシュ正統派」とかいうのもしんどい。

この手の「正統」の「ディテール」とかを知ったり、こだわったりするのは結構楽しいのだが、そういうことを言う人にあんまりカッコいいなあと思える人がいないのはどういうことか。正統なトレンチコートのアレ、つまりバーバリーやアクアスキュータムをカッコよく着てる人が少ないのと似てるな。

ちなみに日本人の場合、バーバリーは男が着た場合「どうしようもないオッサン臭」がする人を見かけることがほとんどで、女性の方が「カッコいいな」と思う人が多い。

結構難しいのが「正統」なのだ。

スーツのジャケットには、何のために左のラペルにフラワーホールがあって、右

チェンジポケット　右腰のポケットの上に付けられるもう一つ小さなポケット。小銭や懐中時計を入れるためにあるが、旧いディテールなので省略されることが多い。

本切羽　ジャケットの袖のボタンが開閉されるようにホールがある仕様。4つのホールの下から2番目を開けたり、3つの一番下を開けたりして本切羽だとわからせるが、あまり良い趣味ではないと思う。

バーバリー　第一次世界大戦のイギリス軍用のクラシックなトレンチコートが有

のポケットの上にチェンジポケットが付いてるんか、などなど。それは「これはちゃんとしたスーツですよ！」というリアリティを担保するためのディテールであって、フラワーホールつまり襟のボタン穴は本来、「会社や議員章や代紋とかのバッヂを付けるのではなく花を挿すものだ」というのは、どうでもいい話だ。スーツに限らず、そこらへんのディテールについては「自分にどうか」で見るほうが正解だ。

ネクタイのウインザーノットについても「どうでも良いと思う方が良い」と思っている（オレはウインザーノットは締めたことがない、というかよう締められない）。「服のリアリティ」と「カッコいいこと」の関連って何だ？

本切羽だが3つボタン。別にオーダーしたわけじゃない。それの右手だけの第１ボタンを外す。たしかにチラッと見えるチェンジポケットは正統派らしいなあ。チーフはやり過ぎの感ありで反省。

名。かと思えば女子高校生の間でノバチェックのマフラーのブレークがあったりする。ケイト・モスがモデルとなってからは、ハイファッション〜ストリート系のニュアンスを持つ。

アクアスキュータム　こちらは王室御用達および１８５０年代のクリミア戦争の軍用コートに採用されたことで有名。その後、バーバリーと同じく第一次世界大戦のトレンチコートを制作。どっちが古いかなどの蘊蓄がよく語られる。

90年代初頭にプラスティックでコーティングしたコムデギャルソンのスーツを着たことがある。製品表示のタグに「ウール50%、プラスティック50%/洗えません」て書いてあって、「デザインも素材もそうやが、洗えませんて、こんなん服ちゃうやんけ」と思ったが、「何ものでもないカッコいいスーツ」としてのリアリティがあった。川久保玲は「やっぱりすごく考えてるデザイナーやなあ」と思った。

極端な話、素材が紙でも葉っぱでも何でも、人が見て「それがスーツなのかどうか」というリアリティなのだ。「カッコいいかどうか」はその後の話だ。

そのスーツがスーツらしいのかのリアリティに比べると、ダブルの上着のピークドラペルの形状とかパンツの裾のシングル/ダブルの幅とか、そんなディテールはどうでもいい話だ。スーツの全体的なシルエットやボリューム感、あるいはジャケットとパンツの丈のバランスに、「これでいいのか?」と神経を使う方が大事な気がする。そういう正統的ディテールは、じぶんが思うほどまわりはカッコいいとは認めてはくれないところに、正統派スーツの哀しさがある。

「スーツを着こなす」みたいな志向性はこれまたちょっと恥ずかしいというか、実際に鏡を見て「できてへんなあ」と思うことが多いので、冠婚葬祭とか以外は、編集仕事で間違ったことを載せたりして謝りにいくときぐらいしか着ない。ふだんは

Yumiko Aoyama さんは**江弘毅**さんと一緒にいます。
1月30日・

【玄関先ですんません】シリーズ
相方のファッション Instagram no.28
1秒も余裕なく詳細はコメ欄で夜露死苦哀愁編

てなわけで画像だけアップ。
江さんが、コメント欄に、
詳細と言う名の自慢を書きます
（たぶん）。

6時前起きの日々で
帰宅して宿題山盛りの日々なので
今日も疲れ果ててもう寝ます。
ばたり。

いいね！　コメントする　シェア

シルエットと丈の長さを見ただけで欲しくなった（セールで←言い訳）このエンポリオ・アルマーニのジャケット。試着して「この服、胸も腰もポケットないやん」とわかり、買って帰って「あれ、内ポケットもないわ」の徹底して「なにも付いてへん」ぶり。何ちゅう服や。

大方カジュアルな格好で過ごすことが多い。人に会う仕事のときはだいたいジャケットとパンツである。パーティーもしかり。

といっても、以前のようにジャケットにジーンズを合わせて穿かなくなった。別にブサイクだからじゃない（これは結構やってきたから、自信ありまっせ）。「ちょいワルおやじ」とか「タレント芸能人」とかが穿き出したからだ。

ここ数年のジージャンの流行もそうだが、スーツ的世界では本来正統でないジーパンが、トレンドを経て「紺のジャケットにダメージのジーンズ」みたいにそういうふうに「定番化」されると、どんどん面白くなくなってくる。

胸ポケットにチーフを挿したりするのも、なんだか「オシャレやってますよ」みたいな主張をしているようで、逆に「それって今、普通ちゃうん」と問いただしてみたくなる。

50歳を超えてスーツの数が以前よりグッと増えた。

だいたいわたしの場合、ここ10年は地元神戸・三宮のBROWN BROWN KOBEでシングル3つボタンの同じ型、同じサイズを買ってるが、このところの数着はパンツの裾をシングルにしている。

店主の藤岡氏は必ず「シングル3つボタンのスーツはダブルですよ」と言うが、「い

江弘毅さんは **Yumiko Aoyama** さんと一緒にいます。
10月18日・

【玄関先ですんません】シリーズ
相方のファッション Instagram no.63
やっと長袖にジャケットの感じ

マルセル・ラサンスのコットン・ピケ、生成り色ジャケット。ルミノアのペラペラの方のボーダー。はやっさんとこのリゾルト510。靴はバラブーツ。


フレンチ系カジュアルの見本みたいで恥ずかしいけど、なかなかこのマルセル・ラサンスのジャケットは難しい。

三つボタンの細いラベル。丈短い。中1つ掛けやと、なんか変。で上2つ掛け。これやないとどうもおかしいのを2年ぐらい着ていて発見。

胸ポケの裏袋生地がアジア系の柄生地で、たぶんそのまま出すとチーフみたいになります。

と、違うかなぁ。

肘あてついてるけど、実際は肘位置より上にあって、これひょっとして位置間違えてるんちゃうん、という感じ。なるほど肘位置に付けたら、バランス悪いわ、とこれも後で発見。おもろい服つくるねんな、マルセル・ラサンスは。

いいね！　コメントする　シェア

や、今回はシングルでいくわ」と涼しい顔で頼んでいる。

で、着方だが、「完全フォーマル」のドレスコードがないところでは、ABCDのスーツがあるとして、ジャケットがBでパンツがD、ジャケットCでパンツがB……といった「順列組合せ的」に合わせて着ることが多い。

そういう仕方で着ていてたまたま訊かれて（多分、カッコいいと思ってくれたからと信じている）、「へへっ」などと説明すると、「面白いなあ」とか「それはあかんやろ」とかまあいろいろ反応あるわけだが、こっちとしたらスーツにシャツを合わすように、「チェックのアレ（ジャケット）と千鳥格子のコレ（パンツ）」「紺の無地のソレと茶色に黄のストライプのアレ」と取っ替え引っ替え、真剣に「ああでもない、こうでもない」とやって、「よし今日の平松洋子さんとのトークショーはこれで行こ」となるわけで、そのへんが「そもそも正統なスーツとは」といった因循なネタを飛び越えておもろいのであった。

オーダーの罠

うちの実家は「洋装店」で一階の店が生地屋だったが、70年代半ばまでは店の3階が「仕事場」で、40代の男性の「仕立て職人」と2〜3名の30前後の女性の「縫い子」さんがいた。

工業用ミシンが2台とベビーロック（のロックミシン）、天井からぶら下げられた水タンクにつながったプロ用のアイロンがあった。裁ち鋏や竹製の1メートルの物差しといった道具、チャコや糸巻きなど小物とそのデザイン。それらは小学生のわたしに、独特の「服をつくる世界」を感じさせていた。

実家とちょうど背中合わせの1本向こうの商店街にある同級生の家は「テーラー」で、父親が近辺のオシャレ客のためにスーツやジャケットをつくっていた。ドーメルとかスキャバルの生地をほんの数種類置いたショーケースは「高そうな生地やなあ」だったし、小学生にも一目でそれと分かる度胸千両系男稼業の客は、よくサングラスをかけていた。

ベビーロック　生地の端がほつれないようにかがり縫いをするミシン。

チャコ　洋裁の道具の一つで、生地に目印を付けるための三角形のチョーク。

ドーメルとかスキャバル　どちらも英国仕立てのスーツを支えてきた高級生地の問屋。こういうのはブランド名を覚えるというより現物を見てわかることが大事かと。

スーツもジャケットも、シャツもオーダーというのを一時、目指したがいろいろあってヤンピした。

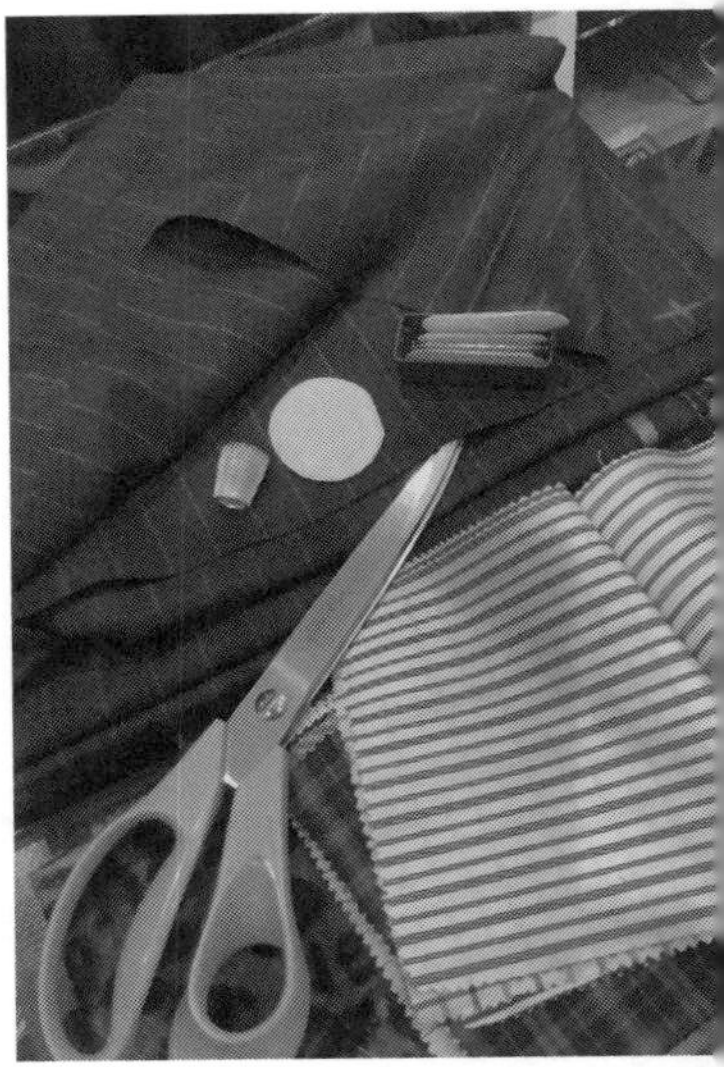

90年代になって雑誌業界で「ビスポーク・テーラー」という言葉を耳にするようになったとき、「ああ、仕立屋のことやねんな」と理解したが、なんだか「ん?」と思ったのは、あの時代にうちで働いてた仕立て職人の「よっちゃん」やテーラーのオヤジとカッコよさの種類みたいなものが違うからだった。

「3つボタンのナロー・ラペル」「胸ポケットはアイビーなパッチ・ポケットで」「パンツには尾錠を付けてほしい」とか、そういうのがビスポークなんだと思っているが、なんかそういったディテールの知識的なこだわりばかりで、「おぬしデキる」「おぬし分かる」みたいなことばかりやりとりするのは、あんまりカッコいいなとは思えへんかった。

ビスポーク　客の注文のあれやこれやを反映して仕立てられた服。男のこだわり、男の悦楽的なニュアンス満点であり、もちろん既製服より高い。

アイビー　アイビールックとも。60~70年代のアパレルメーカーVANジャケットを中心としたアメリカン・トラッドの打ち出しは、日本人男性のファッションに大きな影響を与えた。モデルは東海岸の名門大学であるア

「やっぱりオーダーのスーツは違う」と思ったのは、『ミーツ』誌が軌道に乗り始めた90年代後半。小西マサヒトくんが大阪の南船場に「ビスポーク・テーラーDMG」という店を出して、わたしは取材して記事を書いた。

小西くんのお母さんは北摂で「洋装店」をやっていて、かれはそこで育ったとのことだ。「オレとこと一緒やんけ」と思って、以後DMGへはプライベートでよく遊びにいくようになった。

雑誌の編集者という仕事では、目上の偉い人に取材するときや、クライアントに挨拶に行ったりする以外、スーツは必須ではなかったので、はっきりいって「どういうスーツが本物だ」的な知識はなかった(今もないだろうが)。ネクタイもプレーンノットしか締めたことなかった30代後半だった。

そんなある日、岸和田の実家の生地屋に帰ったら、淡いベージュのコードレーンの生地を発見した。綿100%のカリっとした結構ぶ厚い生地で、うちの店では珍しいメイドインUSAもの。そのころ水色のコードレーンのジャケットがビームスとかで流行っていたのだが、「このベージュはないやろ。それもスーツや」という「ええカッコ心」がわいて、ダブル幅のその生地を3メートルほど切ってもらってDMGへ持っていった。確か仕立代6万円ぐらいだったと記憶する。

イビーリーグの学生たちが着るファッション・アイテム。

コードレーン 白い縦うねが特徴のコットン素材の生地。その白ベースにブルー、イエロー、ピンク……とさまざまなバリエーションがあるが、ブルーが流行中。夏のジャケット素材に最適。

ジャケットは3つボタン段返りで貼りポケ、パンツはタック無しの「小西くんのいつもの」ちょっとだけテーパー細身。腰には両サイド尾錠を、と注文付けてあとはお任せ。採寸しながらわたしの肩が極端ななで肩なのを小西くんは見抜いて、「肩パッドちょっとだけ入れさせて」と言って、「ほなそうやっといて」と任せた。「仮縫いは要らんわ」と言って、1カ月ほどして上がってきた夏物のスーツは完璧だった。服好きの友人には「ええスーツやなあ」「そらそやオーダーや」「ワシもつくろかなあ」みたいな感じで好評。

それから10年以上。スーツを以前よりよく着るようになって気づいた重要なことがある。どうも肩のあたりが「合いすぎ」というか、なで肩をカバーして「隙がない」というか……。しいて言ってみればまるで昭和天皇とかのスーツ姿なのだ。あるいはありし日の横山やすし師匠。そんな姿がほかの「自分が似合ってると思っている」ジャケットと比べて可愛げがないというか気にくわないのである。

「なで肩」はもちろん「腹が出ている」「脚が短い」「胸が薄い」……。それぞれあるよなあ。それを悩むあまり、欠点を補ったり隠すことと目的でオーダーするのはダサい。そう思うのだ。究極はきっとシークレットブーツとかズラなんだから。

「やっぱり着こなしや」みたいなことはおっきな声で言わないが、あたり前の「吊

横山やすし　西川きよしとのコンビでの「やすきよ漫才」は戦後の上方漫才の金字塔となるが、暴言や傷害事件など度重なる不祥事で89年に吉本興業が解雇。その後暴力事件に巻き込まれたりして96年に51際で死去。その波瀾万丈な一生は小林信彦が『天才伝説 横山やすし』であますところなく書いている。

今でも着ているDMGに仕立ててもらったスーツ。3つボタンの段返り、サイドベンツ（アイビーなセンターのフック・ベントと迷った）。ジャケットの腰ポケットはフラップ付き貼りポケ（パッチ・ポケット）。パンツのサイドの尾錠（調子に乗りすぎている）。尻ポケットは両玉縁のかけボタン。

こういうところはオーダーがダントツに良い。で、ラペル裏のこんなところにネーム刺繍を入れた（お調子者である）。

しの服」で自分に合うのはどういう感じのもんかとか、ほかの人にない「なで肩」そのままのカッコよさというのは、自分が一番よく知っている。そういう立ち位置で服と関わっていきたい。そう思うのだ。

なにかといろいろオーダーのことを書いていたが、実は一番の落とし穴は、「試着出来ない」ということにつきる。それはテーラーの「腕」ではなく、多分に「感性」という例のヤツだ。鼻をふくらませて、襟の感じやポケットのフラップを「これで」とオーダーしたのは良いけれど、仕立てが出来上がってきてフィッティングルームに入る。テンションも上がってきたで。着る。で、鏡の前に立つ。「あれ、なんじゃこれ」（または「あわわ」）それで「違うやん」。

これは誰のせいだろう、オレが悪かったんか。

ここまで来ると後戻りできない。言っておくが、それが「試着ではない」からだ。客側がそういうふうな顔をしても、もうテーラーの側はレジを打つしかないのだから。

どこに何を着ていくのか

ちょっとしたパーティーとかお祝い事だから、とスーツを着ていくのではなく、「ある種の店」に行くとき、街場の街的な感覚ではスーツのほうが良い、というふうに思ったりする。

それは料理人や店の人に良いものを出してもらったり、依怙贔屓してもらったりしてほしいからではない（もちろんそれもある）。そうではなくて、ほかの客がおいしく飲み食いしている風景がないと、こちらもおいしくないからである。だから店の板前や仲居さんやバーテンダー、そして客が醸し出すその店の「おいしい風景」の一人としての責任みたいなものがあるのだと思っている（行き届いた気遣い）。

フレンチやイタリアンというのは「まあ、それなり」で十分で、むしろ気を遣いたくなるのは「割烹」「鮨屋」「鰻屋」……の類だ。カウンターがメインの「旧いバー」などもそうだ。その手の店はどんな類のどんな空気の店なのか、街的に良く理解できる人には分かりすぎるぐらい分かりすぎるだろう。

『ミーツ』編集部の近くにあって、よく行ってた肥後橋（大阪市西区）の老舗の鰻屋さんは、白い板前着に和の板前帽子の60代（70代かも）の大将が鰻を焼き、出来た鰻重と肝吸いは割烹着に三つ折り白ソックスの仲居さんが運んでくる。この仲居のおばちゃんが瀬戸物の急須で淹れてくれる番茶からして、とてもうまい。

これは偏見かも知れないが、こういった鰻屋は若い女性やカップル、あるいは家族連れで人気の店でなく、年配の会社員（ビジネスマンではなくサラリーマン）とその後輩、あるいはお年寄りの女性が一人で静かに、蒲焼きと燗酒をいただいているようなシブいシーンが見える店の方がおいしいのだと思う。

鮨屋でも蕎麦屋でもバーでもそうだ。そういうオーセンティックな店では、ワイシャツにタイ、カフス、タイピンといった出で立ちの方が絶対うまい。カフスとタイピンはこういう店に行く時にあるものだと思って良い。

カフス、タイピンが無理な30代前後の若い男子なら、ブルックスブラザースやVANジャケット風（オシャレなお父さんなどに訊いてください）にチェックのスクエアが小さいタッターソールやこれまた小さいギンガムのシャツというのも好感やな。ちょい「ガリ勉」が入ってるみたいな、トラッドやアイビーな感じこそ良しで、ありふれたラルフローレン風とはちょっと違うので、そこのところよろしく。夏なら上着

ブルックスブラザース　1818年ニューヨーク創業のアメリカン・トラッドを代表するブランド。世界に先駆けてつくったボタンダウンシャツ。それに3つボタンの紺ジャケット。歴代の米大統領からアイビーリーグの学生まで幅広い層に受け入れられてきた。

VANジャケット　石津謙介が大阪ミナミに1948年に創業。60〜70年の日本のアイビールックの核となり、「みゆき族」など様々な伝説を打ち立てる。日本発のアメリカンスタイルのブランドとして、日本のモードに大きな影響を与えた。

ラルフローレン風　ラルフローレンはポロシャツなどニットやデニムなどのカジュアル系にも定評がある。そして女子高生や大学生にも

京都・麩屋町の連日濃厚な大人客が来る立ち呑み「BAR KIYO」にてわたしと祇園の友人・西島博之氏。わたしの知る一番のスーツ着こなしを見せるのが西島氏だ。かれはこよなくスーツを愛する男で、こんなカジュアルな店でも「やっぱり京都ではスーツがエエな」と思わせてくれる。

なしで半袖のカッターシャツにネクタイというのも、敬虔なモルモン教の信徒みたいな真面目な感じでなかなか鰻屋に合う。

ミシュランの星を気にしたりガイド本を片手に、基本的に下町である京・大阪にやって来るグルメ客（なぜか東京からが多い）は、その微妙なところが分かってない類いの人が多い。ドルガバのスーツを着てきたり、エルメスのバーキンを持ってきたりするよりも、仕立てであってもそうとは気づかない普通のスーツで手には仕事帰りの会社の茶封筒、女性の場合は買い物帰りの大丸の紙袋の方が似つかわしい。

おっと、女性の香水がNGなのと同様に、手首にフランクミュラーの時計なんかも着けてくるなよ、ここはグランドセイコーあたりでキメないとあかんで（なかったらカシオのスタンダードあたり。わかるかなあ）。

人気番組『孤独のグルメ』の松重豊さんは、この「うまい感じ」を遺憾なく発揮しているスーツ姿だと思う。ジャケットを脱いでシャツ1枚になっても決してタイはゆるめない。

ちなみに「シーズン3　エピソード6　東京都板橋区板橋の焼肉ホルモン」では、「さあホルモン喰うぞ！」とのことで珍しくワイシャツを腕まくりしタイもゆるめていたが、これもさすがの「おいしい風景」である。

人気。ここでは「風」ということで「ポロシャツ襟立ておじさん」を想像してほしい。

エルメスのバーキン　英国人女優であるジェーン・バーキンが愛用したことからそう呼ばれるエルメスのバッグを代表するモデル。ちなみにケリーは、グレース・ケリーが愛用した。セレブ垂涎のアイテムであり、生産数が限られているゆえ価格が高騰中。

フランクミュラー　長い歴史をもつスイス高級腕時計メーカーの世界にあって、1990年代に彗星のごとく登場した。樽形のケースに特徴ある数字の文字盤の代表モデルは「一目でそれ」とわかる代表作。

いくらトレンドだといっても、デカいエンブレムの付いたモンクレールのポロシャツに、太ももの肌が覗いたダメージ・ジーンズ、サングラスで、割烹のカウンターに座るのは一番あかん。そのロン毛引っ張って、怒突《どつ》いたろか、と思ったりもする。

理由は簡単だ。横にいてて美味しくないからだ。

ワインバーやスペインバルとは違うのだ。あるいは仏伊レストランのプライベートなテーブル席で勝手によろしくやっといてくれ。

ある種の街場の料理屋、飲み屋にオシャレをして出かけることのおもろさはこの

寺町三条にあった「京都サンボア」(23年春に姉小路御幸町に移転)。大正14年創業のバー。Tシャツで行くとマスターから「うちはTシャツあきませんねん」と言われる。友人の西島博之氏はこの店の常連。「スーツは大昔のイタルデザイン、ワイシャツは10年ぐらい前、河原町松原のシャツ屋のオーダー。タイはフェラガモ」。

モンクレール　元々はフランスの登山やスキーのアウトドア・ギアのブランドだったが、ハイファッションの高級ブランドとして人気を集めてきた。ここ数年、縦長スリムのダウンジャケットが若い女性～おばちゃんまでに人気。なによりもトリコロールの鶏を図案化した肩のエンブレムが目立つ。

辺の街的感覚にある。つまり「グルメ」ではなく「通」でいかなあかんところが多いのだ。

ぐじ（甘鯛）の焼いたんでも、海老の天ぷら3本載った天丼にしても、オールド・パーの水割りにしても、そういう感じを出す服を着ていったほうが絶対うまい。

こないだ神戸の超有名鉄板焼きステーキハウスに行く機会があった。たまたまわたしたちおっさん二人と同じ鉄板にIT小僧たち（根拠はない）が陣取っていて、極上の神戸牛の200グラムぐらいのデカいヤツを注文していた（カネ持ってそうやった）。

一人はシュプリームのデカロゴ・ニットキャップを被っていた。iPhoneを出してステーキの焼かれ方を撮りまくりなのを見て、まあ芸能人のバレンシアガのキャップよりはマシやけど、それはやっぱりあかんぞ、キミら、ホリエモンの勘違いはその辺にあるんやぞ、などと注意してやった。

というのは嘘で、ほんまに「一発言うといたろか」と思ったがメシがまずくなると思いやめておいた。それでよかった。

その「どこに何を着ていくか」のセンスは、流行／伝統、派手／地味という二項対立でももちろんカジュアル／フォーマルといったものでもない。そのあたりの感覚は「行儀」に近い。

シュプリーム　赤に白抜きのSupremeロゴは見たことがあるだろう。スケートボードやヒップホップ音楽の人気とリンクしたニューヨークのストリート系ブランドで94年に創業。ナイキやコムデギャルソン、はたまたルイ・ヴィトンとのコラボでも人気。

バレンシアガ　スペインのハイファッション・ブランドとして100年以上の歴史を持つ。が、2015年頃から一気にブレークする。黒に白ロゴキャップ、スニーカーから、ストリートな感覚のジャケット、ブルゾン……。ちょっとマッチョでアウトローな感覚で着る人も多い。

てっぺんから考える

帽子、これはなかなか難しい。実際にかぶってみないとわからないからだ。「良かれ」と思いかぶってみたものの「これはアカン」となる。その感覚（いや感受性か）こそが必要だ。「これがイケる」というのがなかなかない。だから「これだ！」というのがあれば買ったほうがいい。いちばんブランドを忘れて買うべきアイテムが帽子だと思う。友人のひとりに「帽子の鬼」がいて、今回「着帽」の怒濤の登場をお願いしたが、これが多分、結論である。

鬼とは井上バルさんである。かれこれ30年以上の友人だ。「帽子？　数で言うたら50以上はあるんちゃう」と事もなげに言うバルさんによると、それら帽子はブランドものブティック、品揃え店、帽子屋さん……の店形態を問わず「うろうろしていて、何か目について〝おもろいな〟と思ったら買う」とのことだ。

帽子売り場が帽子屋よりも充実しているデパートもあって、これは要注目、狙い目とのことだ。

まずはニューエラがブレイク中のキャップ、ベレーあたりから。バルさんのコメント入りで大型特集。

❶ ベースボールキャップで有名な NEW ERA も PARIS の刺繍文字が入るとパリジャンか（んな訳ない）。キャップオングラスは定番。

❷ イタリア空軍の真っ赤なオフィシャルキャップにラルフローレンのヴィンテージ物フーデッドパーカーに短パン。初秋の海コーデ。

❸ モータースポーツやバイクをモチーフにしている DEUS のロゴワッペンのキャップはアメリカン。T シャツとオーバーオールで OIL が似合う。

❹ カンゴールのウールキャップ。旧ドイツ軍の戦闘帽がモチーフだがパープルカラーでピースになる。リプレイのノーカラーウールジャケットによく似合う。

❺米軍モノの珍しい色のベレーはフィアットのバルケッタに乗るのに重宝する。やはり機能性と耐久性とシャレ!
❻黒いベレー帽は米軍モノ。これなら墓場にも遠慮なくかぶっていけるかも。軍物の革のトリミングは気分を引き締める効果がある。
❼イタリア空軍のベレー帽は色といいかぶり心地といい俺をその気にさせてくれる。フランス製ゴアテックス素材の自転車用パーカーとお似合いや!
❽年に1回の祭の鉢巻は気合を入れてくれる。玄関でお清めの塩をかけてもらい、いざ出陣の儀式。彼の帽子のルーツはここにある。

❶ 日本のブランド nivernois のコットンハットは洗いをかけてあり新品から馴染む。少しアシンメトリーに作ってあり自分の頭に馴染ませていくのが楽しみ。

❷「買って失敗した」と思ったショートブリム。アシンメトリーなハット。流石に普通にかぶれるまで何度鏡に向かったことか。

❸ コットン・ポリ素材の nivernois の紺色の変形ハット。これをかぶりこなすのには勇気と諦めが必要！　いつも自信を持ってないと。

❹ メイドイン USA ならではのブルーが綺麗だったのでダース買いした工事用ヘルメット。マスクの次はヘルメットが必需品になるかもの投資。

❺ ジャズメンがよくかぶっていたポークパイハット。チェックなので良いかなぁと思い、「一つくらい」と買ったがあまり好きじゃなかった。

❻ フェルトをガシガシに固めてあり凶器にもなりうる変形ハット。変わった形が好きなのでついこういうのが欲しくなる。

❼ 真っ赤なサテンの裏地がカッコイイので手に入れたウールチェックのハット。脱いだときにチラッと見せたいが、それはカッコ悪いので止めときます。

❽ 夏場はペーパー素材のハットが好きで面白いデザインに目がいく。頭頂部がデカいので顔が小さく見えるという副反応が生まれる。Tシャツでも合う。

❶ヘルメットも帽子なみに洒落たい。映画『親愛なる日記』でナンニ・モレッティがローマ市内をベスパで回遊するシーンを真似たい。

❷アーミーデザインも洒落たウールチェックになると様子が変わる。戦闘モードからピースフルに。平和主義なキャップも好きだ。

❸冬のバルケッタにはとことん派手なトラッパーでドライブしたい。横には美女なんてファッション雑誌のスタイリストみたいなことはしない。一人で山道をかっ飛ばす！

❹きれいなブラウンと素材の良さに惹かれて買ったらイタリア・トスカーナ地方の老舗帽子屋のハットだった。これをかぶると自分も上等になった気がする。

❺ 少年時代の記憶が甦るボンボンが付いているニット帽を見るとかぶりたくなる。冬のトラクター遊びにはオーバーオールとニット帽は欠かせない。羊の織り柄が雰囲気。

❻ ウール素材にアクセント的に上質な牛革があしらわれたイタリア製のハンチング。やっと似合う年齢になってきた。目指すはショーン・コネリーか。

❼ ロゴマークが同系色で目立たないのが良い。手入れが簡単なのもニット帽を購入する条件の一つ、アクリル素材はガンガン洗えて害虫の心配も要らない。

❽ ハンチングと同時に買った同素材の大人なキャップ。部分使いの上質な本革がイタリアらしいところ。自分もグレードアップした気分になれる魔法の帽子。

得てして、おっさん、おばはんに多いのだが、「服を、変に着こなす人」がきっとまわりにいると思う。「頭のてっぺんから足のつま先まで」が過剰というか、主張しすぎで、とくに帽子と靴をデコラティブにしてしまう悲劇＝見ていて「うゎ〜」状態はよく起こる。「うゎ〜」は「それちょっと変ですよ」なのであり、大いなる勘違いの結果なのだが、帽子は自分の頭の形や出っ張り具合やボリュームや、顔の耳や目や鼻や口といったもろもろの位置や形の具合がもろに反映する。

そういう意味から、帽子はいちばんルックス上において厳しいアイテムではないだろうか。

若いうちは「帽子が必殺の個性的自己主張」なんて思ってるから、いろいろかぶったりする。そのうち何かに気づいたように、「どうもこれは似合わんな」と、かぶらなくなる。「帽子が顔に喧嘩を売ってしまっている」状態。これがイカンのである。敢えて書くなら、帽子と顔頭の相互陥入をどううまく実現するのか、みたいな感じか。サングラスにもその傾向があるが、鏡をしっかり見るなどしてこういうことに気づく経験のない人はツラい。

浅草とかの旧い下町に行くと「なんでこの街は帽子の人が多いのかなあ」と思うような「帽子の街」を見つけたりすることがある。自分に引きつけると京都の裏寺や神戸の新開地や岸和田などがそうだが、そこの帽子の人々からかぶり方を覚えたりする。毎年の岸和田だんじり祭ではゆかた姿で中折れパナマ帽の祭礼役員が多い。麻生太郎のボルサリーノみたいに「俺だからいつでもどこでも、こんな帽子もイケてしまう」というのはないのである。麻生太郎さん、残念やけど、「俺」すなわち「自分」は「帽子と一体」すなわち「帽子に隠れてない」とダメなんだなあ。

そのあたりについては、『橋本治と内田樹』(筑摩書房)で、橋本治さんが「ファッション一般論」について肝心なところをものすごく語っている。

今回のこの原稿の帽子の場合である、「(帽子をかぶって)自分が消えている」。これが必要なのだ。

少し長くなるが、これは書いておきたい。

橋本治さんは40歳の少し前になって「中年になるのやめちゃったんですよ」。「ブランドでかためるってことやってなかった」と思って、「一週間で洋服屋で七百万とかっていう金の使い方して(笑)」、ヴェルサーチだけでワンシーズン350万円、春夏秋冬年間1400万円、「次の年も付き合って、総入れ替えをしなきゃなんないから。こんな馬鹿げた金の使い方ってあるんだろうかという。でも言ってみれば、東大入らないで東大の悪口言うと、負け惜しみみたいな気がするから、東大入って

岸和田だんじり祭 神戸から大阪、堺、岸和田、和歌山までの大阪湾沿岸はだんじり祭が盛んで、その数800台とも言われている。そのなかで、最も有名なのが岸和田城下町(旧市)の22台のだんじり。有名なやり回しをはじめ、だんじり本体や飾り付け、太鼓や笛の鳴物、法被の着こなしまで、クルマの世界ではさしずめF1。

東大の悪口言ってやるっていう、変なのってあるじゃないですか（笑）」。

というむちゃくちゃをやって、プリンセス・ダイアナの衣装費がその額と同じということを知って、「ああ、じゃいいんだ」と思いつつ、2シーズン半でやめたという逸話を披露している。

そのうえで、「ファッションの話まで持ってきちゃうと、服を着るということは自分を消すことだということをわかっていない人はとても多いだろうな……」と言う。「若いときは自分がないんだから、自分を消すのはたいしたことはない。いまの若い人は皆お洒落が上手だから、その分、とても自分が希薄なんだと思います。お洒落が自己主張と言っているぐらいだから、主張する自己もあんまりないんですよ。さり気ないお洒落がみんな好きだということは、自分を消すということがいかに難しいかということが、ファッションの場では当たり前だからです」とも。

この「自分を消す」ということが「服を着こなす」ということの要諦であるのか。そこがものすごく違った種類、形状があるハットをかぶる場合に、モロあてはまる。キャップ類にしてもベースボールキャップ、ベレー、ハンチング、キャスケット、ニット、はたまた工員帽に毛沢東の人民帽……と、すさまじくデザインが違う帽子をかぶって「似合うかどうか」のポイントなのだと思う。

カッコいい服、つまり素材や色、そしてデザインが鋭い、メッセージ性が強い服。そういう服を着る場合、確固たる自分があるとそれに抗うようになる。「その服に着られてしまう」というパラドクスがここにある。素直にかっこいい服に従わないとダメ。だからはじめから自分がないのがいちばん。

そう、ファッションページの撮影で、「この服、良いデザインだなあ」などと思うのは、それを着たモデルが「すっ、と似合う」ときだ。

それこそ橋本治さんの仰るとおりで、「服を見せないといけない」ファッション・モデルは、ショーでランウェイを歩く場合「自分を消す」ことをしないと、ぶっとんでる服があああいうふうには板に付かない。つまり「カッコ良い服をカッコよく着こなす」には、「自分を消してなお自分がある」という、ちょっとややこしいというか、矛盾した現存在みたいなものをもってないとダメだ。

そこのところを橋本さんは「自分がその服を着て、誇らしげでいるという部分をとっぱらわない限りどうにもならないわけで、服を着るということは、必ず常に存在している自分を引き算することなんです」とわかりやすく言ってくれている。

服を着倒してきてその後に「自分の個性」というのがやっと出てくるのだが、若い時分は「俺は俺だから、これしか着ない」という主張だけで、それは中身はないが「主張だけはしたい」という、子供あがりのアホくさくて空虚で恥ずかしい欲望にほかならない。

「二十代の前半なんて、俺、何を着て外に出るかということに命かけてたから」と発言する橋本さんは、「服に命をかける人」のことを「主張するものはないんだけれども、自分だけは見せる。自分を主張したいという欲だけあって」と念を押す。

そこのところを悪辣なファッション・ビジネスの業界は、長い間ハイファッションを売るために「服は個性だ」すなわち「服で個性を主張」と煽ってきた。

わたしがずっとかれらについて「それって、ひょっとして、極めつけの野暮じゃないか」と思ってきたのはこの「服で個性を主張」のところで、かれらのアタマには「ブランドでぼろ儲けするためのブランドの主張」みたいな側面しかないから、肝心のかれら業界人の多くは、それを着てものすごく悲惨なことになった。

悲惨というのは難しく考える必要がない。ものすごく似合わないのだ。そういう意味では、昔の商店街にあったようなテーラーの親父や服屋の先輩は、「服とは何か」についてよく知っているがゆえに「服を着こなしてきた」。

橋本治さんはこの長い長い対談で、「いまの人たちはすごくお洒落なんだろうけれども、同じ恰好をしていますよね」「本人たちはすごく自己主張してるつもりなんだけど。そのつもりではあるんです」と言う内田樹さんと、ものすごいことをかぶせて言っている。

「お洒落によってね。自分によって自己主張しているんじゃない、お洒落によって自己主張しているから、お洒落をとっちゃうと自己主張がないんです。だから皆同じ恰好しているくせしてなにが自己主張なんだという言い方をすると、彼や彼女らは皆怒ります」

なんか「商売としては太い」無印良品のファッション的な貧弱さを見事に言い当てているようだが、グローバル企業のファストファッションで、「儲け倒してやろう」とめきめき働いて「ニューヨーク支社長」とかを目指している若者（いや、おっさんも）は、そこら辺を押さえて商売にいそしんでほしい。これはいかん、皮肉になってしまった。

パンツの丈は大丈夫ですか

「丈」という字の語源は『字統』によれば「八寸を以て尺と爲し、十尺を丈と爲す。人は長《たけ》八尺、故に丈夫といふ」とあって、それで「大丈夫」なんかぁ、「しっかりとして健全で、間違いの無い男」なのかと知ったりする。

そういうところから丈を考えてみたい。

スーツやセットアップでも、パンツやジーンズ単体も、パンツの丈はサイズやシルエットを決定する太さと同様に難しくて面白い。

ジャケットは一般的な場合、自分に合ったサイズ、例えばイタリアンサイズの48を選んだとして、それには着丈も袖丈も「既成品」としてあらかじめ具体的な製品としてのジャケットに内包されている。

スーツのジャケットの場合はハンガーにぶら下げられた売場のものは袖のボタンを付けてないのが多くて、購入時に試着して袖の長さを決めて（まぁ、長くするようなことはないが）、その袖口からの良い位置（大概4センチぐらいか）にボタンを付ける。

けれども「着丈」はそういうふうに「お直し」して調整することは絶対ない。そこにスーツやジャケットを含めてのトップスの難しさがあるのだけれども、ボトムスつまりパンツの場合は、スーツのパンツであろうがチノパン、ジーンズであろうが、どんなパンツであれ（ジャージやスウェット以外）「丈上げ」（あるいは「裾上げ」とも言う）をして穿くことになる。

その例外で記憶にあるのは、今ジーンズで世界を席巻しているリゾルトの林芳亨《はやしよしゆき》さんのドゥニーム時代のＫＹＯＴＯモデルだ。

１９８８年に登場し、60年代のリーバイス５０１（P73）がベースとなるＸＸで一世風靡したドゥニームは２０００年頃、それより細身で（66モデルがモデルになる）モードを少し意識した「KYOTO EDITION」を発表した。このジーンズはウエストごとに用意されたレングスが5〜6型あって、ユーザーはそれを試着してジャスト丈のものを求めるシステムだった。パターンはレングスで変えているという徹底的なこだわりぶりだった。

このモデル発表と同時にオープンした「ドゥニーム京都店」は、中京の富小路蛸薬師下ルの町家の奥まったところにあって、扱うアイテムはそこでしか買えないこの「KYOTO EDITION」のみ。「なんちう売り方や」「京都のイケズか」などと言われていたが、そういうカスタム的な販売方法もイカしてた。

ジーンズは生地自体の「タテ落ち」や「アタリ」と同様に、穿いて洗って進む、裾のパッカリングが重要で、いうまでもなく新品時の「綿糸のチェーンステッチ」がベストだ。あとで切って適当な縫い糸のシングルステッチにするとパッカリングが出来ず、せっかくのジーンズが「あ〜あ」状態、台無しになる。

裾丈を上げずに穿けるサイズが用意されているなんて、いま思えば「売れてるジーンズメーカー」ゆえの、何と贅沢なこだわり、至れり尽くせりの「大丈夫」なジーンズの一モデルだった。

そして現在、パリでもミラノでも人気のリゾルトの主力モデル710もそれを踏襲している（ウエストは26〜40インチの12サイズで、レングスは各サイズ28〜36インチで合計87）。

そもそも小アイテム大量生産ゆえのリーバイスがワンモデルのジーンズでレングスを揃えたという前提があるが、そういうレングスのバリエーションがない大抵の場合、例えば「ウエスト32」を選んで、「レングス34」とかのワンパターンをフィッティング室で穿いて、店員さんに裾丈を合わせてもらうことになる。

普通のスラックスやスーツのパンツもほとんどの場合、丈上げが必要で、「これぐらいで良いですか？」「うーんちょっと長すぎます」「ではこれくらいです

パッカリング　うねうねとした膨らみ。そこが色落ちする（次ページの写真を参照）。

か？」とやって、マチ針を打ってもらって「お直し」に出して後日取りに行く。

というようなことが普通だが、バナナ・リパブリックとかでは、たまにレングスが揃っているモデルがあり、リゾルト710と同様、「切らなくてぴったりのパンツが必殺」ということを実感させてくれるが、まあ、それは稀であるなあ。

ドゥニーム「KYOTO EDITION」の見事な裾のパッカリング。これは約20年穿いている。

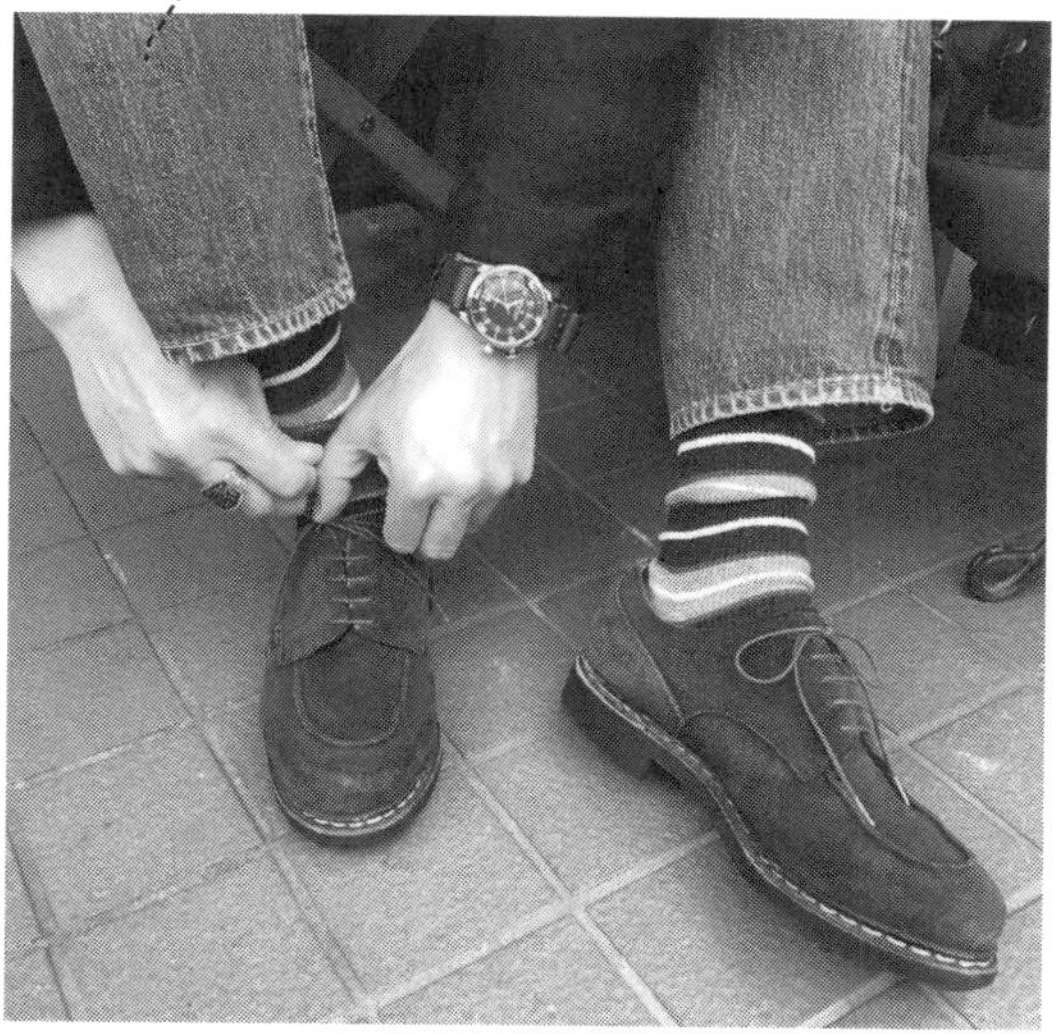

だから極端な「太胴短足」体型の人は、ジャストのサイズのウエストを選んで丈の3分の1を切らなくてはならない場合があったりして、せっかくのテーパード（裾が次第に細くなる）がちょっと残酷というか悲劇的なデザインバランスのパンツになってしまったりもする。

前置きが長くなったが、唯一長さを「自分で決定する」パンツの丈は、すべてのボリューム感やシルエット全体を左右する。関西弁で言うところのイケてる感じの、「しゅっとした」のを出すのは、じぶんに合わせて選べるパンツの丈につきるのだ。

そこのところが大変難しく、だからこそおもしろい。

つまりパンツそのもののデザインだけでなく、上着や靴、スーツなのかジャケットなのかブルゾンなのか、ポロシャツをパンツに入れて着るのか。靴はオクスフォードなのかローファーなのかブーツなのかスニーカーなのか……。組合せと変数群が多すぎて、だから残念なことに一般解はありません、なのだ。

ただそういうことを言っても話は始まらんくなるんで、自分の場合を言うときます。いちばんよく穿く細身のチノパンやジーンズ（裾幅20センチ以下）は、ローファーを想定して裸足の接地面から高さ10センチ。くるぶし最上部から2センチ。冬によく履くデザートブーツに合わせるのはそれより2～3センチ短くする。

スーツではなくシャツ１枚の場合、パンツの太細と丈で全体が決まってしまうのでなかなかむずかしい。シャツもパンツもボリューム感だと思う。それが上下で違うとうまく着こなせない。わたしは身長176㎝で、この細いパンツの裾幅は18㎝、「短かすぎるかなあ」のぎりぎりの丈に。

足の甲にかぶさる「細長」はあかん、そう思います。逆に「太短」は難しいけど、これはぶっとい軍ものカーゴパンツなどうまく穿くと「かっちょいい」。

スーツは割と難しくて、ノータック裾幅20センチぐらいの細いパンツは、よく言われる「ワンクッション」は何回もそうやって「なんか、しっくりけえへんなあ」と失敗した。靴を履いてその靴にかかる「ジャスト」か「ちょいソックス見え」、そのいずれか。だからシングルにしたりする。

もう少し太いのは、ワンクッションでダブルが良いかなあ。

いま思うと恥ずかしい80年代のツータックの極太のイタリアのモード系スーツのパンツを除くと、そんな感じで20年ぐらいやってきている。

私見を言わせてもらうと「すっと」いくか「たぷっと」いくか、そういう語感に似た感じで2パターンある（ファッション撮影でよくスタイリストさんに「パンツの丈はすっとした感じでいこか」などと言ったなあ）。

それともう一つ重要なのは、ブティックで初めての知らない店員さんにフィッティングしてもらう場合など、じぶんで鏡を見て自分の想定する丈の長さを決めることが多いのだけれど、これが結構失敗の元になる。

パンツ丈は、街行く人のカッコいい丈を見て、それをじぶんなりに採り入れよう

海外旅行の、それもややこしい街場をうろつく時は（この写真はイスタンブール）、結構軍パン（カーゴパンツて言うん）、それが役に立つ。というのも、ポケットがたくさん付いているから。この軍パンは Bench. のやつで、腰と後ろのポケットはファスナー締めで、太もも部分は丈夫なボタン。だから紙幣もコインもカードもパスポートも（持ち歩くことはないが、両替に行く時だけ必要）全部ポケットに入れる。しかし腹出てるな。

"The New Black"
MABEL MATİZ
GAYE SU AKYOL
ADAMLAR • EKİN BERİL
HEY! DOUGLAS (LIVE)
İstanbul Moda Müzik Festivali
"The New Black"
Supreme
DOUBLE EIGHT PRODUCTION
WWW.TICKETINGBOXOFFICE.COM/
TURKEYANA

とするのだが、鏡の中でそのリアルな視線をじぶんで再現するのは無理筋というもの。だからこそ自分自身の好みや体型、例えばデザートブーツをよく履くなど靴も含めた傾向を知る服屋さんに見てもらうことが最良かと思う。

つまりじぶんのファッション的な信頼が置ける服屋さん、ということになるのだけれど、そういう馴染みの服屋さんに現在進行形のトレンドのモードに照らし合わしつつ、実際に見てもらってどんな感じなのか。そういうことがめっちゃ重要かと思う。

それで春夏秋冬あれやこれやとお直ししてもらって、家に持って帰って穿いてみて、じぶんで鏡で確認するように見て「そういうことなんやなあ」と理解する。

いろんなパンツいろんなデザインで、それの反復なのだ。

パンツの丈は大丈夫ですか

実践篇

ジーンズの丈。フィッティングデー＠Cinq essentiel Kobe。

リゾルトの「はやっさん」（デザイナー林芳亨さんのこと）が直接、フィッティングをしてくれるフェアで、神戸は三宮の「サンクエッセンシャル」に行ってきた。２回目の参加だ。今回は取材も兼ねてだが、リゾルト創立10周年記念のホワイトジーンズがいち早く見られるので、それもあって「これはいっとかなあかん」と、家からチャリンコに乗って行ってきた。

わたしは、はやっさんがデザインするジーンズ、つまりリゾルトとそれ以前のドゥニームをここ30年穿いている。すごく微妙な色落ちおよび長さ違いの何種類かをその時のコーディネイト等々でうまく穿き分けている。

繰り返すがリゾルトのすごいところは、メインの７１０（テーパードストレート）は、例えばウエスト32ではレングスが28〜36で８サイズ用意されていることだ。ウエストは26〜40で都合87パターン。はやっさんによると、すべてパターンを変えているというからこれはさらにすごい。なんというか「アパレル」ではなく「ジーパン専業」。クルマの世界ではF1みたいなもんだ。

今やイタリアやフランスでも人気のリゾルト。はやっさんは大学卒業後入社したジーンズメーカーのUFOや、大資本のワールドの一部門だったドゥニームを経て、2010年5月にリゾルト設立に至る約40年のジーンズのリリース経験から、デザイナー自身「うちのジーパンはこうですよ」と客に説明するのが、「お客さんにとっても直接話できて楽しいはず」とのことで、フィッティング・フェアをやってきた。神戸の「サンクエッセンシャル」は一番早く、2011年9月からこのフェアをやっている。

「ジーンズはファッション・アイテムではなくカメラみたいな道具やと思う」と言う、はやっさんのジーパンは、ジャストフィットが身上で丈さえ間違わなかったら、かなりカッコよく着こなせる。そして3〜4年穿き倒して次に同じものを買えるというところが良いのだ。有難い、といってもいい。

わたしは前章でふれたKYOTO EDITIONを含め、それこそドゥニームを20年以上穿いてきたが、ポケットが潰れて太ももが割れて……というところまでくると修理に出す。

自分の身体にまるで皮膚の延長のようにフィットして、また色落ち具合が「これこれ、これがオレのジーパン。たまらんなあ」と自画自賛気味に思ったりするが、やっぱり2回目のリペアとなると、「前のボタンホールもベルトループも修理やなあ。おっと、5か所の修理で1万円ほどかかってしまう。これはもうあかん」となって、どうしようかと悩む。そういうときに同じジーパンがあるというのはものすごく有難くて、なるほど「道具か」と思ったりする。

リゾルト、エヴィス、フルカウント、ウエアハウス。90年代からのヴィンテージ・ジーンズのトレンドを牽引してきたのがこれら大阪のメーカーで、すべて50年代あたりのリーバイス501を再現しようとこだわり抜き、「変わらないまま進化して」30年後の今に至っているのが面白い。

アパレルが不況といわれ、またユニクロ的大量生産による「安服」があたり前になってきている現在、どのメーカーのジーンズも2万円前後と高い。けれども「ここ5年、毎年3~5%、売り上げが伸び続けている」（「フルカウント」辻田社長）というのは、やはりひたすらトレンドを追いまくる「アパレル」とはまた違ったカテゴリーなのだろう。

店に着くなり、はやっさんに「こークン、712穿いてみ」と言われ早速、試着してみる。わたしのウエストは33インチ。

リゾルトは710とちょっと太めの711を穿いているのだが、ジップフライの712は細身の710と似ている。が、股上浅め、太ももの部分が微妙に余裕を持たせてある。そのぶん膝下から裾にかけてのテーパードが、「しゅっ」とした感じに見える（洗ったときに真っ直ぐ吊して干すとそれがよく分かる）。

さてと、試着したレングスは29と31。どちらも「ぴったしやんけ」だったが、奥さんでシュージーンズのデザイナーでもある修子さんの「こークン、31の方がきれいで」とのひとことでそちらに決定。

710も711も持ってるが、この712の特徴は、

①710をほんのちょっと太ももに余裕持たせて、膝から下はテーパード。

②ジップフライ。

③サンフォライズド、つまり防縮加工された生地。

④生地の毛羽を焼いている。手触りはつるっとした感じ。

書いて説明するとこのあたりだが、実際穿いてみると、「これ、ジャケットとかカッターシャツとかのかちっとした格好に、710よりも合うんちゃうか」「おっ、新

さっそくL 29を穿いてみる。「こんな感じやなあ」と、はやっさんがちょっとだけロールアップしてみてくれる。ウエストのみならずレングス違いを試着して、こういうふうにやってもらえるのが「納得いく選び方」だ。

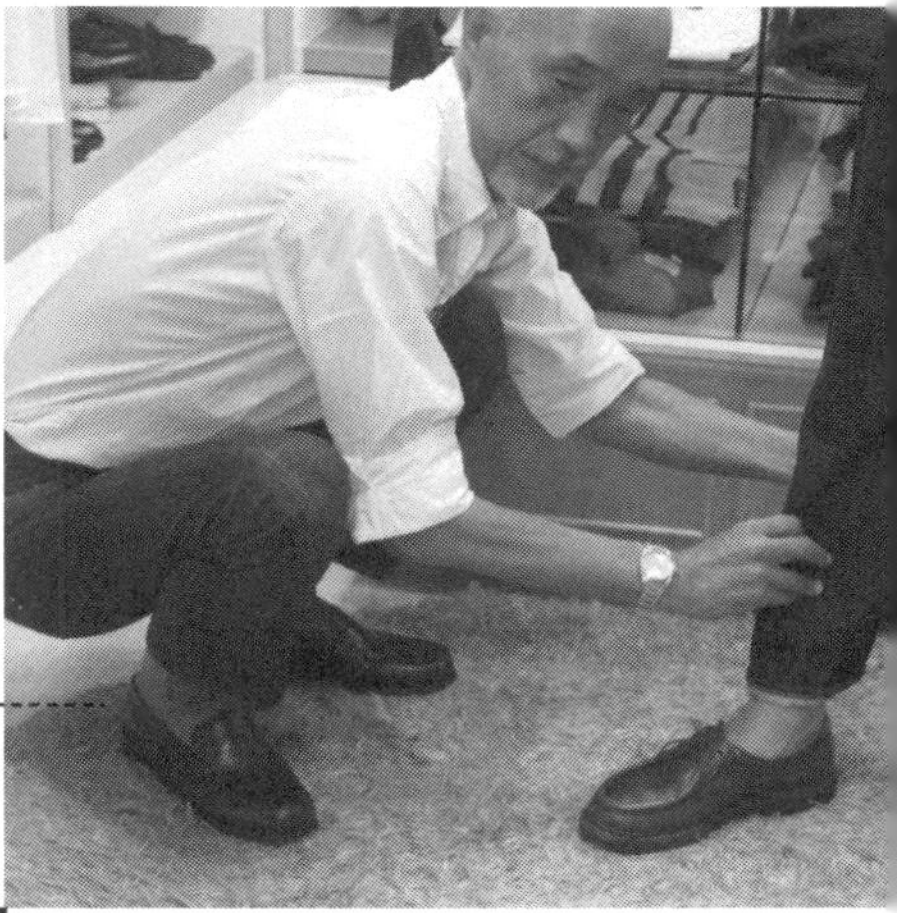

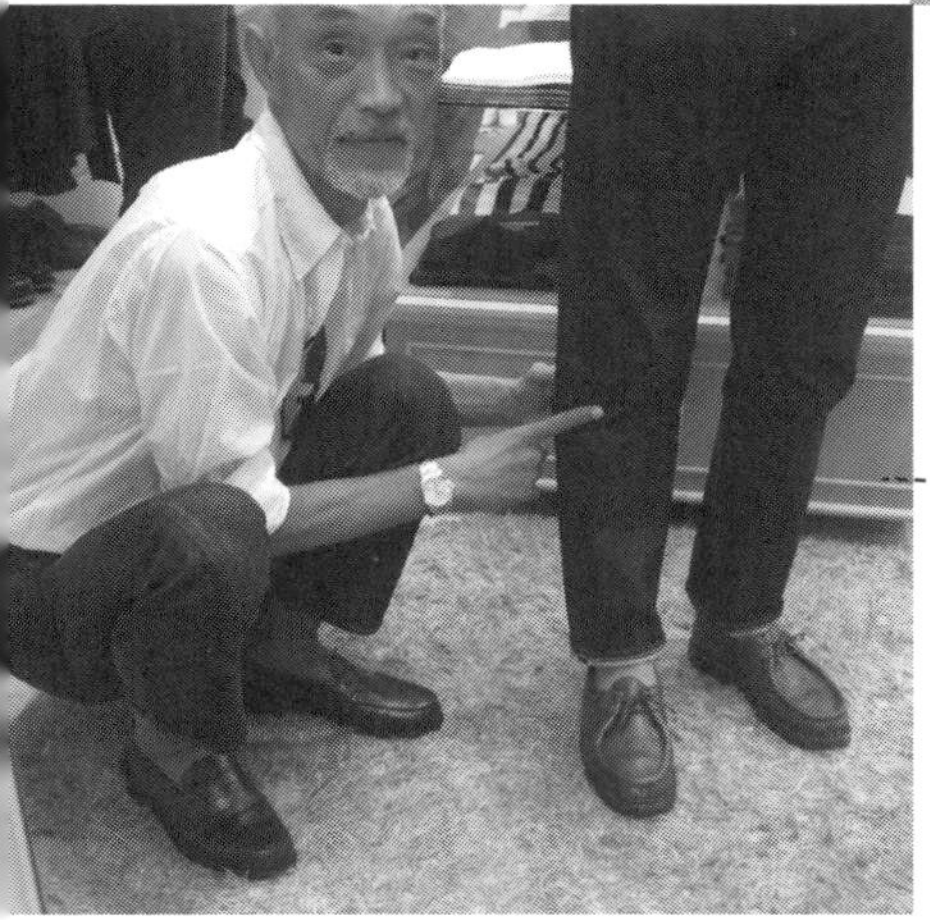

L 31を穿いた。はやっさんは「29も31もどっちもいけるけど、まあ好き好きやなあ」と言う。うーん。で、微妙な丈の違いを見比べてほしい。

品の色濃い状態がええなあ」とか、いろいろ実感が湧く（そこが大事だ）。

前述のとおり、はやっさんにフィッティングしてもらった結果（修子さんのアドバイスもあって）、ウエスト33、レングス31をチョイスした。

持って帰って、新品状態のものを水洗い洗濯。脱水したのをコインランドリーへ持っていってガスの乾燥機に30分かける。丈も含め、ちょっとだけ、んーと、5％未満の縮みだろうか。さすがサンフォライズ、という感じ。

さあ心機一転、サラで行こう。なんだか大工のカンナとか板前のチビてきた刺身庖丁とか、職人が同じ道具の新品を使い始める感じかなあ。

ジーンズという奇怪な服について

わたしたちが大阪・堂島で京都・大阪・神戸の都市情報誌『ミーツ・リージョナル』を創刊したのが１９８９年12月。その頃、大阪発の「ヴィンテージ・ジーンズ」を専門とするブランドが全国的に注目を集めようとしていた。

ジーンズといえばリーバイス５０１ＸＸ。端的にいうとこのリーバイスこそが「ジーパンの元祖」である。５ポケット、フライボタン、赤ミミ……とまあ、ディテールの特徴はいろいろある。去年（２０１９年）の春夏で大流行したジージャンについてもどのメーカーの製品も、リーバイスのファースト（５０６）、セカンド（５０７）、サード（５５７）と呼ばれるモデルのディテールがベースになっている。

とくに１９５０年代から60年代後半あたりまで製造されたモデルが「ヴィンテージ・ジーンズ」と呼ばれ出したのは、その時代のデニムの微妙な色落ち（「タテ落ち」と呼ばれる）や太ももにつく色落ちによる「ヒゲ」、脇縫いの縫い代にあるミミ（セルビッジ）による「アタリ」、裾を縫う綿糸チェーンステッチの収縮によるジグザグの擦り減り具合（パッカリング、P60）など、穿き込むことによる「ダメージ」の具合が「カッコいい」とされたことだ。

「抜群に着古した服が良い」という美意識というかモード感覚は、ジーンズの世界特有のものだ。すり切れている衣服がカッコいい、というのはジーンズにしかない美意識だ。「何が本物のヴィンテージで」というのはコレクターに任せておくが（その蘊蓄《うんちく》が独特でまたおもろいのだが）、今では「製品の仕上げ」に軽石やサンドペーパーやおろし金や鋏を使って、擦り減らしたり穴を空けたり破ったりのダメージをつけて売るようになっている。サラの生地や縫い目にあらかじめ使い古した加工をし、それが付加価値になるデニムの世界はおもしろい。

わたしはダメージ加工をしているジーンズは、「もったいない」という理由と、サラから穿き込んでじぶんの身体に馴染んでくる経年変化みたいなものが面白いと思っているから買うことはない。それもこれも今から30年以上前に大阪では、「ステュディオ・ダ・ルチザン」「ドゥニーム」「エヴィス」といった、新しいジーパンのメーカーが、それこそ数十万の値段が付き出したリーバイスのヴィンテージを「普通に普段に穿けるように」つくっていたのを購入し、長年かけて何本も穿いていて、その色落ちやダメージでどんどん変化して「味が出てくるジーンズは、おもろいなあ」

裾の部分の「パッカリング」。上は1回洗っただけの状態、下は約3年穿いたもの。どちらもリゾルト製。

と実感しているからだ。

京阪神の雑誌を編集していたので、大阪のジーンズのクリエイターとは懇意にしていた。そこで感じたのは、「アパレル業界」という手触りとはまったく違う職人的な「ジーンズのクリエーター」が、「じぶんで納得のいく製品をつくり」「じぶんで流行らせていた」という動きだ。

編集部に自らが「これ見てや。ええやろ」と出来たてのジーパンを持ってきたり、広告原稿もかれら自身や店員が、色落ちし馴染んだ自身のジーパンを穿いてモデルになって、「どや」とばかりに写った写真だったりした。

とにかく、製品をつくるにしろ広告を制作するにしろ人間臭いというか手作りの味がした。かれらによるそれらのジーパンは、強いて言えば「501XXの復刻版」、つまりレプリカである。ただその頃には、本家本元だったリーバイスはアパレルの技術革新を経て、以前のジーパンつまり501とはまったく違った501をつくっていた。エヴィスジーンズの総帥・山根英彦氏は当時のリーバイスについて「何が原因なのかわからんかった。でも、色落ちとかパーツとか、なんかヘンやなあ。前と違てきてるなーゆう感じ」と99年発行の『エヴィスヤ・スタイル・ブック』で言っている。

『ミーツ・リージョナル』1993年9〜11月号。
連続で掲載されたエヴィスジーンズの広告。
山根氏自身がモデルで出ている。

「ジーンズ＝大手専業メーカーのマス・プロダクツ」という常識と生産をずっと引っ張っていたのが当のリーバイスだったが、穿いていくにつれて「タテ落ち」「セルビッジのアタリ」「裾のパッカリング」等々が出てくる501XXははるか過去の製品であり、その源となる旧いタイプの生地すらもうアメリカ本国にはない。生地供給元のコーンミルズ社は、83年に29インチ幅のデニム生産を終え、コスト低減のため61インチ幅になって、それ以降「赤ミミのセルビッジ」は、ショップからなくなった。それゆえ状態の良いヴィンテージのリーバイス501XXは一本数十万していて、デッドストックともなれば100万円以上に高騰していた。

そこでかれらはまず糸の撚り方と染色を再現し、その時代のあえて織りムラが出る旧い力織機を見つけてきて、セルビッジつきの狭い幅のデニム生地を織り、縫製に使うミシンもステッチの糸の番手もリベットまでも再現しようとした。その製造現場は岡山県と広島県に集中していた。東京よりぐっと近いので地の利があったし、もともと大阪はそれらの工場とひんぱんな取引がある繊維の街だった。

それにしてもかれらのネットワークと突破力はすごいものがあった。かれらの凄いところは、「本物かくあるべし」というものづくりの姿勢と気合いであり、本物よりも本物らしいレプリカのジーパンを「昔のやり方で」つくりあげてしまうことだ。

それのひとつが「シュリンク・トゥ・フィット」（はじめに洗うと縮むのを想定して合わせる）であり、その後は、「10回以上穿いても2カ月は洗わない」とか「洗ったらガスの乾燥機にかけると良いアタリが出る」とか、「ヴィンテージ・ジーンズ教」状態の蘊蓄が語られたりもした。

その結果は、いろんな人がいろんな穿き方で着古した、まるで「作品」のようなジーパンが「これペインターが2年穿いたものです」みたいな感じで、かれらの店舗でサンプルのように展示されていた。

かれらのつくるジーパンは、たとえばエルメスのバッグやベルト、グッチのロゴ入りセーターやバレンシアガのキャップなどの「コピー商品」とはまったく違う。大阪で禁忌されたり笑いのネタにされたりする「パチもん」ではなかった。

わたしはダ・ルチザンの田垣繁晴さんに、ジーンズのみが労働者の側から社交界に浸透した逆ベクトルの唯一のモードのアイテムである、と教えられた。タキシードやスペンサージャケット、ネクタイのウインザーノットに至るまで、社交界からブルジョワジーそして労働者階級へという方向性で伝播されるのに対し、アメリカのワークウエアに端を発するジーンズは逆でこれこそ革命的だ。だから労働者でしかないわれわれは、オートクチュールやプレタポルテなどのコレクションで発表さ

シュリンク・トゥ・フィット
買ったばかりのリジッド（洗っていない）のジーパンは洗濯することで縮む。その縮んだジーパンを穿くと、最初はきついけれど、だんだん自分の脚や腰や尻に馴染むようになる。その繰り返しで良い具合になってくる。

れるディナー・ジャケットに多額な貨幣を払って着るよりも、一本のジーンズにこそそれを行うべきだ。そういうパラドキシカルなメッセージの上に田垣さんのジーンズづくりがあった。

「エヴィス」の山根英彦さん、「ドゥニーム」そして今「リゾルト」の林芳亨さんとは世代が近いこともあって、今でもしょっちゅう街で一緒に飲んだり食べたりしているが、かれらの手によるあたらしいジーンズを直接入手すると同時に、穿き古したジーパンのメンテをしてもらったりしていた。

擦り切れたジーパンに当て布をして叩いてもらったり、破れたポケットの袋布を再生してもらったりで、「5か所修理で8500円か。それやったらサラ買うたほうが安いやん」と思いながら、けれども「ジーンズは侘び寂びや」などとうそぶきながら、かれらとそしてかれらのジーパンたちとの30年を過ごしている。だからこそ、かれら個々のヴィンテージ・ジーンズのシルエットや、長年着古してきた時の色落ちなどの微妙な違いが分かっているつもりだ。

前置きが長くなったが、今「ジーンズを穿いたことがない」「持っていない」という人はいないだろう。そういうアイテムだからこそ、カッコよく穿くヒントについてちょっと考えてみる。

もともとアメリカ人のワークウエアであるリーバイス501XXタイプ（1950年代の頃）のものは、日本人が穿くと尻がだぶる。逆にそれを活かして1インチ大きめのものをうまく後の部分で集めるようにしてベルトで締めると「それっぽい表情になる」。

山根氏のエヴィスジーンズや辻田氏のフルカウントはとくにそうで、「大戦モデル」を研究し尽くしたエヴィスの#2001は、後ろポケットのペンキステッチとあいまって、ゆったりシルエットが醸す「無骨な感じ」が持ち味だ。サッカー元イングランド代表のデビッド・ベッカムはエヴィス愛用者でよくメディアに露出していたが、かれもそういう感じで穿いていた。

リゾルトは、リーバイス「66モデル」といわれている501の60年代後半から70年代のものがベースとなっている。特徴的にはジャストフィットでXXより細目。カウボーイや建築現場などの労働者のワークウエアだったジーンズを、ジェームス・ディーンが『理由なき反抗』で赤いジャンパーと、マーロン・ブランドが『乱暴者《あばれもの》』で黒の革ジャンとともに穿いた「アウトサイダーの象徴」を経て（ちなみにかれらはほとんどサラをジャストサイズで穿いていた）、東海岸のアイビーリーガーたちに好まれて穿かれた頃のものをかすかにリファインしている。

大戦モデル　第二次世界大戦中に米国は物資統制を行うが、ジーンズメーカーであるリーバイスの製品にも影響を及ぼした。具体的にはボタンのデザインの簡略化や数の減少、金属リベットの省略、バックポケットの糸ステッチの代わりに手描きペンキステッチを採用など。この1942〜46年のリーバイスS501XXが大戦モデルと呼ばれ、昨今のヴィンテージ・ジーパンおたくの注目を集めた。

ただ学生たちにとってブルージーンズはまだまだブルーカラー階級の象徴で、社会に出てそれを穿くような職業には就きたくない、でも丈夫で合理的でデザインもそこそこいいじゃないか、というころからホワイトデニムを穿き、その後ブルージーンズに至り、そしてヒッピームーブメントに突入して「その象徴」に変わった。

一方では、80年代後半に一世を風靡したフランス、イタリアのマリテ＋フランソワ・ジルボーやシピー、リベルト（このテイストがディーゼルにつながるわけだが）の世界的なデニム・ウエアの流れのなか、ケミカルウオッシュやペダルプッシャーといった流行（ヨーロッパのアパレルのアメリカンジーンズ観がむちゃくちゃにした感がある）を経て、「シルエットがカッコよくて、味のある色落ちがする」ベーシックなジーンズに定着した（ジェーン・バーキンとかアラン・ドロンがリーバイス501を「しゅっと」穿いていたあんな感じ）。

単純に言えばこの辺が、現在の世界の「ジーンズのスタイルとしての収斂状態」のすべてなのだが、そこには「そもそもモードの世界でジーンズとは何なのか」という理解が必要だと思う。

いちど「あの時代のジーパンを復元しよう」として始まった大阪のかれらのジーンズを穿くと（少なくとも2年は要るな）、単にトレンドだからと軽石やヤスリで擦ったり鋏で穴をあけたりするファストファッションの「加工ジーンズ」とは全然違うぞ、

ケミカルウオッシュ　漂白剤など化学薬品をつかって洗い加工をしたジーンズ。86年頃に登場し、リベルトやディーゼルなどヨーロッパのカジュアル〜デニムブランドの製品で一世を風靡した。正統派ジーパン愛好者にとっては「ゲテモノ」。

ペダルプッシャー　自転車をこぐように膝下を細く絞ってデザインされたジーンズ。80年代に大流行したフランスのクローズドが代表例。ストーンウォッシュやケミカルウオッシュ加工とも親和性があった。

というのが分かってくる。「一目でそれと、分かる人には分かる」ところがブランドやデザインなどではなく、「ちゃんと穿いたジーンズかどうかが見て分かる」から、「玄人的」というか余計に話はややこしい。

そのあたりは「流行りの中でのカッコいい丈」といった感性ではなく、「値段とブランド価値の相関」といったものでもなく、また「お金さえ出せば誰でも手に入る」ものではない。「自分の身体の凸凹に応じてフィットして色落ちしたか」それを「どう（分かって）穿いてきたか」のジーンズは殺生なアイテムだ。

かれらが80年代の大阪と岡山や広島の生産者のネットワークを切り拓いて、染色、機織り、縫製を任せてきた工場に、現在はルイ・ヴィトンやディオール、ラルフローレンはじめとする世界の高級ブランドが発注するようになっている。デニム・ウエアに限っては、世界のアパレル業界では構造的に、もうこのような旧いやり方でつくれないからだ。

わたしが思うに、ことデニムに関しては、「世界の一流ブランド系」は「遅い」し「おもろない」。なのでこのあたりの「トレンド最先端の目的化」でつくるジーンズは「それは違うんちゃうか」である。そっちこそがパチもんでハナからあかんな、とも思う。

ディオール　クリスチャン・ディオールは第二次世界大戦後に登場したフランスのデザイナーの中でももっともブランドを成功させた。90年代、ジョン・ガリアーノがデザイナーに就任してからは、ストリート的なインパクトを取り入れて新たなファンを広げた（とくにメンズ）。

ジージャンはオリゾンティの頃のドゥニーム・セカンドモデル。20 年着用している。

とくに昨年の春夏のトレンドだったデニム・ジャケットすなわちジージャンを見るとそれがよくわかるのだが、やっぱり長年かけてサラから着古して、自分の皮膚みたいになったジャケットは、ほかのウエアでは醸せない味がある。

だからこそジーパンにせよジージャンにせよ「横着」をしないでサラから長い間かけて着ないと絶対アカン。

ジーンズデザイナーの林芳亭さんが２００９年にドゥニームを終了して立ち上げたリゾルトは世界的に評価を受けているが、「サンプルが上がってきて、社長以下30~40人の男子社員に穿き込んでもらって、それを展示会に持っていってやっと商売になった」とのことだ。

「これがここのジーパンか」といういわば「顔」になるサンプルは、「さすが社長で、律儀に1年間頻繁に穿いて色落ちした1本」だったと、はやっさんは回想する。

トレンチコートというくせ者

コートはなかなか便利な重衣料である。

ただいろんなコートがあっていろんな着方ができるだけに、よくわかって着ないと「とほほ」になってしまうアイテムだ。防寒着あるいは雨を避けるレインコートとかの実用品、服のカテゴリーとしてはこれが基本だと思うのだが、寒くなるとふだんはアウトドア系のダウンを着ていて、ドレスアップの際、あるいはオフィス通いや営業とかでスーツの上にコートを着る。

今回はそっち、スーツやジャケットだけじゃ寒いからと「上に重ね着する時に、羽織るもの」としてのコートについて、あくまでも私見を前提（いつもどれも私見だけど）として考えてみたい。

寒い季節の防寒具としてのコートは、このところスーツの上にフード付きのダウンジャケット系の短いコートをあたり前に着るようになってるが、個人的には「それは流行り物やろ」という捉え方をしている。

また女子大生から60代のおばちゃんまで、現在進行形でモンクレールの長いダウンコートがステイタス的なモードみたいだが、50代の男のダウンコートの場合はどう見ても「スキーでっか？　山登りに行くんでっか？」みたいな感じが否めない。

わたしの場合、ダウンはジャケットもベストも、それの中間の半袖のものも持ってるが、あくまでもジーパンとバスクシャツやセーターの上に着る防寒着だ。それらは基本的にどこまでいってもアウトドアのガーメントでありカジュアルウエアの域を出ないものだと思う。だからスーツやジャケットの上に着るコートとして、「世界の一流ブランド的」にモンクレールとかを買ったり、パタゴニアや、いやノース・フェース、安いしユニクロでええんちゃうん、とアウトドア系のダウンを着ている人は、モードとしての賞味期限が切れる前に、ここ数シーズンぐらいで着倒して消費してしまうのが賢明かと思う。

80〜90年代バブルの頃、「ガラパーティー」みたいな奇妙な寄り合いが流行って、タキシードとかブラックスーツ、ディナースーツみたいな、にわかドレスコード的なアイテムを着ていくみたいな風潮があった。「せっかく、それ用のスーツ買ったんだからパーティーへ行かなあかん」みたいになって、それでその時のコーディネイトが大変なことになった記憶がある。

バスクシャツ　フランスとスペインの境界のバスク地方で誕生したという漁師仕様のシャツ。分厚いコットンのカットソー生地、脱ぎやすいボートネック、ボーダー柄、長袖が基本。有名なブランドにセントジェームス、ルミノア、オーシバルなどがある。

シティホテルでは「中森明菜ディナーショー」とかを、とくに年末年始に頻繁にやりだして、まだ30代初めだった明菜ファンのオレは一瞬「そら行かなあかん」と思ったが、4万円のフィーに怯んでしまって行かなかった。

90年代の初めの12月のクリスマス期のディナーショーだと記憶している。自分ならあの時にスーツの上にどんなコートを着ていってたのだろうと思うのだが、そんなシティホテルのディナーショーに行くのに、タキシードの上に「バーバリーのトレンチコート」を着てるニーチャンをよく見た。ダンヒルのタキシードとバーバリーを「同じ英国ものだから」という理窟で着てた40前後のおっさんもわたしのまわりにはいた。多分「バーバリー＝コートのステータスブランドだから」ということだったろうが、どう見ても変やで、それ。同じ英国製でもダッフルコートでそれやれへんやろ。

その時代はすでにアイビーを経ていたので、だいたいダッフルコートがどういう服だというのは知っていたから、タキシードに合わせなかったのだろう。二重の意味で「それはないやろ」である。

まずトレンチコートは1850年代のクリミア戦争の際に風雨や寒さを避けるために、英国軍が着用し始めたコートだ。そもそもトレンチは塹壕という意味だそうで、アクアスキュータムやバーバリーを軍が採用した話についてはよく知られている。

こいつらは完全にパーティーとかフォーマルのためのアイテムではない。ドレスアップとしてタキシードを着てクラークスのスエードのデザートブーツを履くみたいな、むちゃくちゃな感じかなあ。またカーキ色の服はシャンパン&キャビア的じゃない。

モード的に唯一例外だと思うのは、イギリスのモッズ野郎たちが着ていた、カーキ色のミリタリー系コートだろう。まあ、加藤和彦さんがその昔、タキシードとジーンズを合わせて雑誌『ポパイ』に出てたみたいに、勝手にアレンジして似合う人もまれにいると思うけど、ここは一般論でいくことにする。

あのバブル時代、同じくブランドものにすこぶる弱かったわたしもトレンチコートを買おうとしたことがある。それも「バーバリーよりアクアスキュータムのほうが歴史が古いんや」という、アパレル商社の宣伝文句からの蘊蓄の理由で、「逆張りでそっち（アクアスキュータム）にいったれ」と思って試着までしたが、「これは似合わんわ」と自覚した。

ジャケットよりずっと丈の長いコートの「キメ手」のひとつは「後ろ姿」である。パンツの丈の際でも触れたが、服を選ぶときはきちっとそのあたりを見てもらえる、信頼できる服屋スタッフが大切なのだ。

モッズ野郎　1950〜60年代のイギリスの若者たちが流行の震源となったスタイル。細身のスーツ、軍モノのパーカーやコート、ベスパ（スクーター）などが代表アイテム。79年公開の映画『さらば青春の光』がモッズたちのライフスタイルをよく描いている。

加藤和彦　音楽プロデューサー、作曲家、ミュージシャン。60年代にザ・フォーク・クルセダーズとして登場、70年代にはサディスティック・ミカ・バンドを結成した。日本の音楽シーンとモードを牽引してきた。グルメとしても知られている。2009年に死去。

基本的にトレンチコートを着たことがないわたしは、試着して身体をひねって、鏡に映った肩の部分がでろんと後ろに落ちた自分の貧弱な姿を見て、「これはあかんわ」と苦笑した。同時に、コートにしろブルゾンにしろ「なで肩にラグラン袖は合わない」ことを理解した。

値段も高くて20万円ぐらいしたと思う。今なら「こんなアホほど高くてごてごていろんなもん付いたややこしい、寒いコート、よう買うな。ブランド買いの典型やんけ」と思うが、バブル時の「気分」というのは危ないものがある。

余談だが「どっちが古い」という理由で、マフラーはバーバリーを買わずに（すでにオシャレな女子高校生のあいだでは流行っていた。おばはんとおっさんは完全にフォロワーである）、アクアスキュータムを買った（いまでも自慢している↑アホ）。

ここ数年トレンチコートはオーセンティックなバーバリー系から、素材や色や丈やデザイン……をあれこれとアレンジした新トレンチまで（ZARAの長丈のトレンチはカッコいいと思う）を含め、トレンドアイテムで、とくに女性は、若い人はカワイく、おばさんはシブく着てる人が多いなあ。

テイストとしては映画『シェルブールの雨傘』でギンガムチェックのシャツの上に着てたカトリーヌ・ドヌーヴとか、着古したジーパンに合わせてたジェーン・

カトリーヌ・ドヌーヴ　フランスの大女優で2023

バーキンみたいなフレンチカジュアルな感じだが、これはレディスのモードの世界だ。このトレンドの感じで今風トレンチをうまく着ている若者も多いが、カジュアル慣れしてないおっさんには無理というものだろう。

オトコの場合、ガタイも重要だ。石原裕次郎はあくまでも裕次郎であって何を着ても似合うが、ダブルでボタンがたくさん付いていて、帯やらヨークやら肩章やらが付いていて、ラグラン袖仕立てのトレンチコートの場合は、松方弘樹や宍戸錠のほうが「日本人の場合のカッコいいトレンチ」であるのは分かるやろ。

最上級はラガーマンとかレスラーで、マッチョで大柄、肩幅広くて胸板厚。もう一つ言うならデカくてコワい顔面が最上級だと、わたしの長い経験上言えるのではないかと思う次第だ。

で、友人を引っ張ってくる（ノーギャラでごめんな）。わざわざ出てもらってたひとりは、元ワールド・ラグビー部のフォワードで、「世界のワールド」のアパレル営業もやってた金村泰憲くん。

街の後輩の白川剛くん（ビームスのスタイリング統括課長です）の「70年代の違いますか」の古いアクアスキュータムを「オレのほうが似合う」と拝借。

ボタンも締めず、襟も立てずに、色モノのボタンダウン&ジーンズ、スニーカー

年にちょうど80歳を迎える。『昼顔』ではイヴ・サンローランのずば抜けたデザインの服を共犯関係のように着こなして見せる。

ジェーン・バーキン　イギリス人のバーキンは、ジーンズやTシャツなどのカジュアルアイテムをフレンチな着こなしで流通させた。トレンチコートにジーパンの組み合わせはその延長線上。「狙ってやっていない」感がカッコいい。

履きの上にさっと着る。さすが身長180センチ、胸囲95センチ、顔もイカつい、の三拍子だ。

たしかにこういうふうにカジュアルでさらっと着るには紺がエエなあ。

「ちょっと貸してな」と身長176センチ、胸囲89センチのわたしも真似したが、恥ずかしくて見せられない。

もう一人の友人は、東馬場淳くん。

路線バスの運転手で、ぴかぴかのメッキタンクのモト・グッツィV7のナナハンに乗ってる洒落者の52歳。かれはバーバリーを「米軍ミリタリーのMA-1と一緒や」と徹底的な機能服として着続けている。

腕時計やライターもそうだが、かれはこの手の実用がからむ服に五月蝿い。

ちなみに今日は、ジョン・スメドレーのハイネックにJプレスのジャケットを下に着ている。サングラスはレイバンで、ジャッキー・オーがしてた70年代コピー。

ハンチングは90年代のニューヨークハット。

古着で買ったこのバーバリーは2着目とのこと。1着目は10代終わり頃(80年代後半)に、アメリカのデパートとのダブルネームのバーバリーを見つけて買った。シブすぎるぞ。

ジャッキー・オー ジョン・F・ケネディ元アメリカ大統領夫人であったジャクリーン・ケネディの愛称。画像検索すればそれこそ世界中のブランドを着ているジャッキーの写真が見られる。バカンスやスポーツの際の着こなし。靴やバッグ、小物、髪型、メイク、そしてこのレイバンのサングラス。アメリカの女性でこれ以上の着こなしを見せてくれた人はいない。

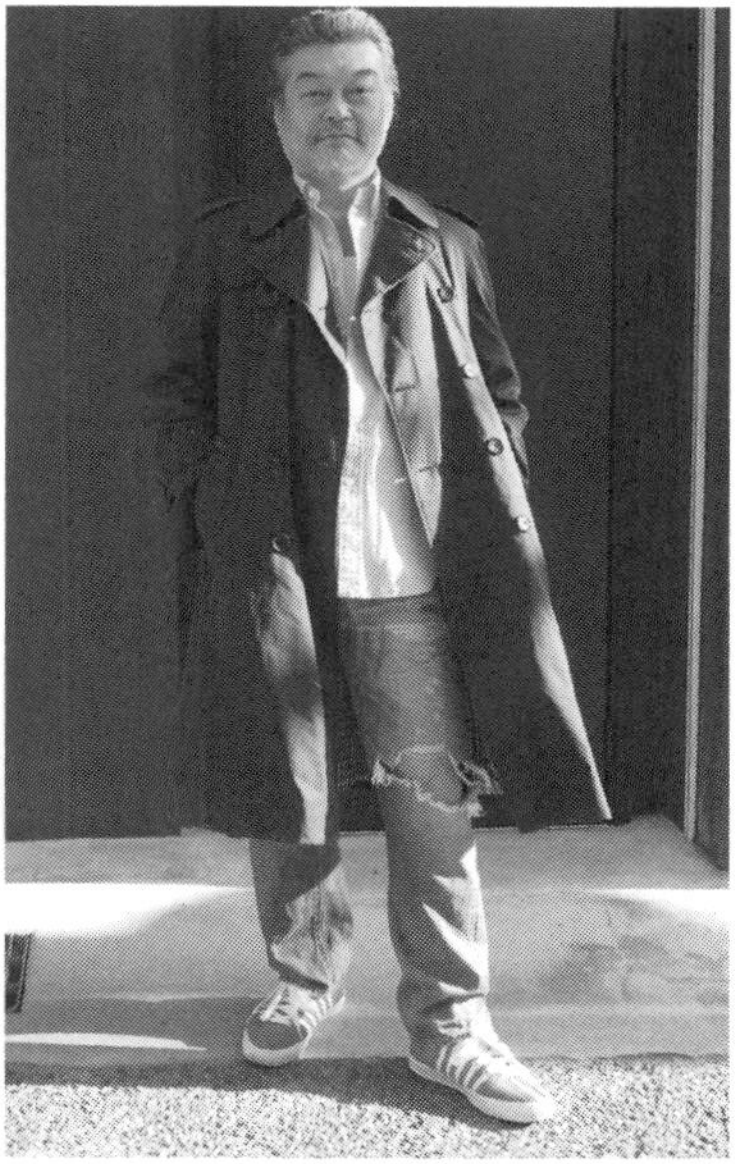

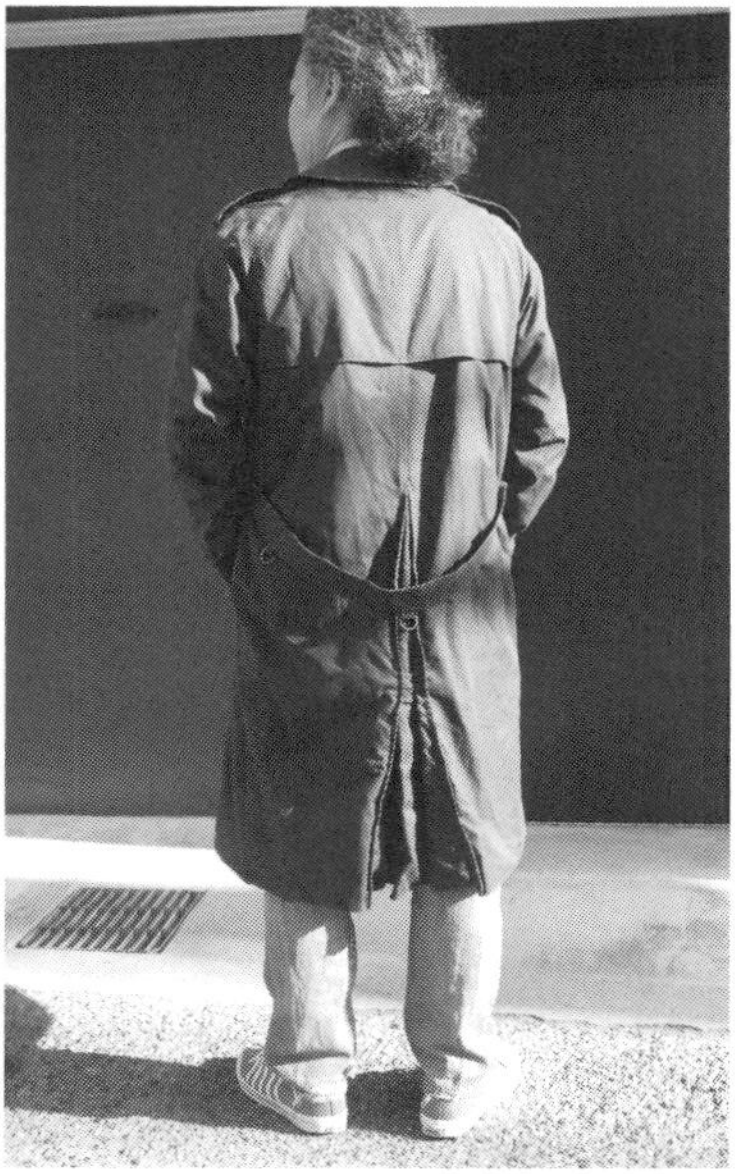

「いまのより薄いホワイトベージュで、水もようはじく生地やし、手榴弾やらをひっかけるDリングやら胸上のヨーク（ガンパッチのことか）やら全部付いてる、ほんまもんのほんまもん」だった。難点は「バイクに跨がるとき、後ろのベントが割れにくい」ことと「手袋とか擦れたりするとすぐ汚れる」こと。

完全に着たおして、2着目はあれこれ見た後、汚れが目立ちにくい濃いめのベージュにした。もう20年以上も前のことだ。「グリーンがかったカーキは（コーディネイトが）難しいなあ」と加える。

これはベントもスパッと割れてバイクに跨がりやすいディテールだし、襟のストラップもヨークも何もついていない「ずんべらぼん」なところが良いのだと言う（なるほど、わかるなあ）。

「ハンフリー・ボガート・モデルも見たけど40万円ぐらいしたんちゃう」

「アラン・ドロンはポケットの形とかどう見てもアクアスキュータム。しっかしベルトのくくり結びを真似するとキザや」

「ヒトラーのドイツ軍はヒューゴ・ボスやろ（だからオレはヒューゴ・ボスを着ない）」

出てくる出てくる。こういう人が、トレンチ好きというのだろう。だから、一般人はもちろん、そこらへんのモデル事務所にいる男性モデルとか、ミラノ風のちょ

ヒューゴ・ボス　ドイツの高級ブランド。デザイナーのヒューゴ・ボスが設立、第二次世界大戦前の立ち上げ当初は作業着や制服をつくっ

い悪オヤジはやってはいけない。しょぼい身体の顔だけイケメン風が、むやみに襟を立てたり、袖を通さずに肩で引っかけるのとかはもってのほか。

だからトレンチはそのあたり、わきまえて着ることが良いかと。逆に言えば、似合う身体とイカツい顔が揃っていれば、必殺のアイテムになる。

そんなことを思ってて、まわりのオシャレ人間（♂）たちに聞くと、「買おうと思って、バーバリーはじめあれこれ試着したけどダメだった」「アレはどう着てもおっさんになる」「その昔、古着のアクアスキュータムを買ったが、ほとんど着てないしメルカリにでも出そうと思っている」という声が多い。うーん。

ていた。その延長線上でナチス・ドイツ軍や親衛隊の制服をつくっていた諸説がある。1980年代からのバブル期は、マクラーレンなどのF1のスポンサードで有名になった。その時代のスーツやコートなどの重衣料は確かにそんなニュアンスがむんむんしていた。

どんなコートを着てきたか

わたしは昭和30年代生まれだが、「どんなコートを着てきたか」ということでふり返ると、やはり中学から高校生時代の『メンズクラブ』、VANジャケット的影響が強い。

前回のトレンチコートはずっと後の30代の頃の話で（ということは80年代以降）、多感な少年はどんなコートを見たり体験したりしていたのかというと、ダッフルコートとランチコート、襟にニットの「へちま」がついていたドンキーコート、そしてこれからお書きするステンカラーということになる。

80年代初頭のサーファーブームの時は（20代だったが）、それらコートから裏に毛布やキルティングを貼ったジージャンおよびダウンジャケットに全面的に移行した。アロハシャツの上にダウン。そんな格好もしたよなあ。

そのあとはMA-1（これはブルゾンやな）あるいはフードの端にファーが付いたミリタリー系かと。

メンズクラブ　1954年創刊のメンズ・ファッション雑誌。76年に『ポパイ』が創刊されるまでは、この雑誌の提案するアメリカン・トラッド〜アイビー・ルックがメインストリームだった。1970年代はボールペンやバインダーなどノベルティが憧れの的だったと記憶する。

以前、フェイスブックにダッフルコートについてアップしたら、創刊時の『ポパイ』誌編集者だった粕谷誠一郎さんが、

ダッフルコートが最も似合う男、それは残念ながら江さんでも私でもない。トレバー・ハワード。『第三の男』のラストでジープに乗りハリー・ライムの恋人役だったアリダ・バリに声をかけた男、かなわん！

ドンキーコート

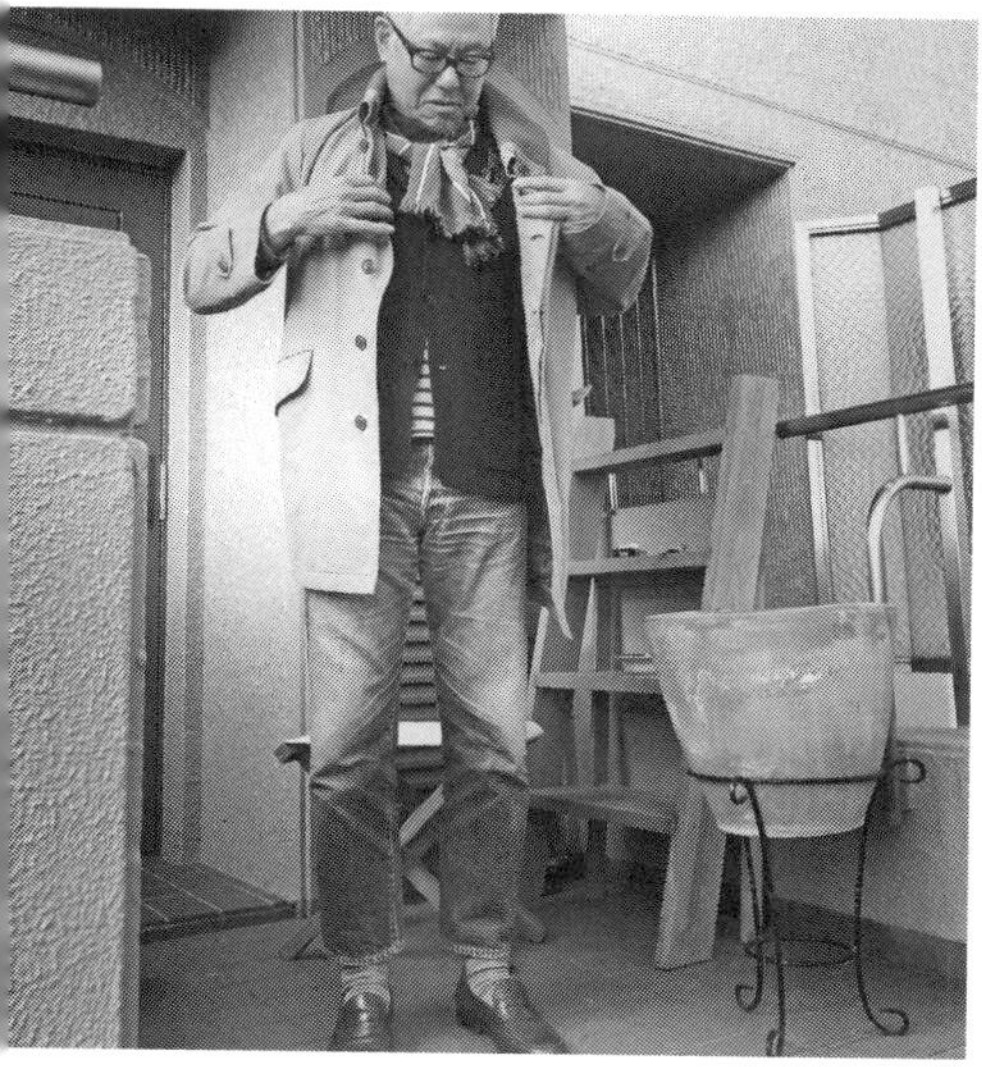

Yumiko Aoyama さんは**江弘毅**さんと一緒にいます。
2018 年 12 月 26 日・

【玄関先ですんません】シリーズ
相方のファッション Instagram no.22
ダッフルコートの思い出一人語り編

その昔、中学生の頃、ジャック・ニコルソンとアート・ガーファンクルが出てくる映画『愛の狩人』で観たアイビーな感じがかっこよかったので、アメリカンな服だと思っていた。

すると、オリジナルは英国製の gloverall だということを元町高架下の「ボンドショップ」の岡さんから聞いて、「そらいっとかなあかん」と買った。

大学を卒業して神戸に住んだ頃だから、もう 35 年前の話になる。

打ち合わせは反対だし「ひょとして女もんか」と、変やなあとも思った。

加えて、ダウンとか化学繊維とかなかった時代のコート、今着ると寒いし歩きにくいし、あんまりええことなし。

青山注：それでもやっぱり着たくなるのが、青春のダッフルコートというものなのでしょうか。

いいね！　コメントする　シェア

という、大変に「東京の団塊おしゃれ世代」なコメントを書き入れてくれた。それぐらいコートという重衣料は「特別上等」な1枚だったのだ。

が、時が経って日本のファッションが豊かになり、高校生の時に買ったVANジャケットのダッフルコートとか、ランチコートとかは40年経った今はもうない。かろうじて持ってるダッフルは滅多に着なくなった。

その代わりによく着るのがステンカラーのコートだ。

わたしは「なんとなく」だが、映画『ブリット』のスティーブ・マックイーンのより、テレビドラマ『刑事コロンボ』のピーター・フォークのステンカラーのほうがカッコいいと思う。マックイーンのはフライフロント、つまり前ボタンが比翼仕立てで隠れているが、コロンボのはボタンがジャケットのように普通に外に出ている。ステンカラーというのは、基本的に雨用のコートだろうが、この代表的な二人の映像に見るように、いつ着ても何に合わせてもいける。

なるほどこうして見てみると、前回のトレンチもダッフルもそうだが、われわれの世代は、ことコートにかけては映画やテレビドラマの影響が大きい。

80年代に一気にインポートが充実してきて、フランスのエミスフェールとか、英国のバブアーとかの蠟引き防水のステンカラー系、あるいはマッキントッシュとか

エミスフェール　パリのブランドであるエミスフェール（HEMISPHERES）はもう知る人が少なくなってきている。日本では80～90年代にかけてストックマン（金万）が、クローズドやマリテ＋フランソワ・ジルボーと一緒にパリから持ってきた。フレンチ・カジュアルはこのあたりが源流。

バブアー　こちらは英国のアウトドア・ギアのブランド。アースカラーの生地に蠟引き、襟がコーデュロイの定番コートは、日本では80年代にブレークしたが今なお人気。女子が着てもなかなか高級カジュアルとでも言うべき良いニュアンスが。

マッキントッシュ　こちらは同じ英国の老舗ブランドで、ゴム引きの防水コートが定番アイテム。雨とハンティン

グ、乗馬の国のコートはなかなか手強い。

の「ひと捻りした」フィールドコートに目がいったことがある。思い起こせばファッション誌からの情報が多かった。

その時代に友人が寒いシーズンになってキルティングのイタリア製「ハスキー」を着ていて、「おっ。それ、新しいな」とほめたら、「コートじゃなくフィールドジャケット」であって、「イタリア製であるがもともとがイギリスのブランド」だとか「エルメスがつくらせてる工場」だとか（後で分かるのだが）「それほとんどファッションカタログ誌情報の受け売りやなあ」だったのをよく覚えている。ビームスとかユナイテッドアローズとかの店員も「ご存じかと思いますが、この○×は」みたいな言い方でコートの蘊蓄とか物語をよく語ってなあ。

本来、尻が軽いわたしは（ファッションページの担当だったし）、それらの「新しいもん情報系」にも手を伸ばしたことがあったが、「本物」や「オリジナル」と称されるものはとにかくどれも10万円以上と高いので、よく似たデザイン、ディテールのコートを探して買って着た思い出がある。もうひとつ加えるとバブル時代以降、コートは同じ50％オフでももともとの額が大きいので、同じ1枚を買うにしてもなんか得な気がして冬のセールの狙い目だった。

そういうあれやこれや、トレンチを含めてとりわけイギリスには、昔からいろんなコートがあるんやなあ、と知ったのだが、自分の場合、気がつけばワンパターンのステンカラーしか着なくなっていた。

ちなみにチェスター型のコートは、「今シーズンはキャメル、それもカシミアですよ」的に流行ったことがあった。1回試着したが「これはちょいワルと言うよりも、頭がアレに見えるなあ」と、まったく興味がなかった。

「カシミア」のセーターは着ることがあるが、コートはまわりに着てる人が同じくちょっとアレだったし、カシミアは素材が良ければ良いだけ、意図せずに「ほら、エエもん着てるやろ」というふうに見えてしまって、逆に「それがダサいねん」となる。

一般的にアイテムを問わず「素材だけが良いダサい服」、つまりだれもが一目見て「良い生地だ」とわかる服をダサく着るのは致命的にダサい。

さて自分のコート、であるわけだが、ここ十数年同じブランドの同じデザインのものばかり買って着ている。もちろん色違いや素材違いはある。

なんか「ええカッコ言うな」とか「うっとしい野郎だなあ」とか聞こえてきそうだが、1着目はたまたま15年ぐらい前にオフィスの近所にあった大阪・北新地の小さなセレクト店「TRECCIA」で買った。

うどん屋にいつもの昼定食を食べにいったら、TRECCIAでセールをやっていて、一番前にかけられていたベージュのコートを店主の土居さんから「いいデザインで、素材も金属系のものが入っていておもしろいですよ」と薦められた。

ラグラン袖ではなく普通の付け袖のステンカラー、前ボタンは比翼隠しボタンじゃなく普通のボタン、丈だけちょっと短い。

「おっ、刑事コロンボの現代版。こんなシンプルなコートだけど今世紀になって見たことない、しゅっとした」感じがして、Mサイズを試着すると、シャリッと硬めの素材で襟のクシャ具合も「これやこれ」だった。

ブランドはアスペジ。「えっ、ビームスがやってるミリタリーテイストのブランドちゃうんか」と思った。値段は40%オフで5万円ぐらいだったと記憶する。セールにしても結構高い。アスペジはたしか自分ところから近い神戸のトアロードにブティックあったはずや、けどちゃんと見に行ったことないなあ、とも思った。

この初めて買ったアスペジのステンカラーのコート、内側に懐かしいハイテク防寒素材のThermoreのネームタグとパターンのデザイン画（実にどういうコートかよく分かる）が説明書きと一緒に描かれていた。

ベージュのコートと紺のコート

それから毎シーズン、TRECCIAには悪いけどトアロードのアスペジ・ブティックに見にいって、内側に付いているパターンのデザインを確認して、試着して色違いを買った。同じナイロン素材の色違い（紺）はメルカリでも買ったなあ。気がつけば、ベージュ系やカーキのアースカラーばかりぺらっぺらの春夏用2着を含めて5枚になっている。

そうなると、コートはクローゼット（んな大層なものではないが）でかさばるから、エミスフェールの蠟引きのステンカラーやグレンフェルのキルティング、ダーク・ビッケンバーグのハイファッション系コート……の着なくなった、いろんなコートをその都度「捨てよう」と決心してそうした。

要するに、一張羅の複数バージョン。これワンパターンで「何でも来い」になったのであるのだが、同じシャツの色違いを複数持ってることはあるにせよ、結果的に「これはリーバイス501系のジーパンみたいやなあ」と思う。

もう一つつけ加えると、コートはマフラーやストールとかの巻物セットで考えるべし。例外として春以降はボーダーのバスクシャツにコートだけ着ることはあっても、絶対に首に巻き物をあわせる機会がほとんどだから。

この3種の真冬から春夏のコートに組合せた「巻き物」は、同じ神戸のアスペジ・

ブティックで売ってるピエール＝ルイ・マシアのストールを、毎シーズンのセール（あいかわらずセコい）にて一緒に買っている。

これは偏見かも知れないけど、どんなコートも黒はまったくダメだと思う。「面白くない」というか、どこにも着ていける「ただの服」になってしまうから。そうなるとつまらない。

ただコートにしてもブルゾンにしても、ハイファッション系は必然的にどんどん目先が変わり、「今シーズンはこういうの着ないとアカン」とか「去年のコレクションなんて流行遅れや」と煽るような志向になる。

けど、そんなものの見方、わからんわ。

ボタンダウンからシャツについて、あれこれ考えてみる

ボタンダウンのシャツはジーパンと同様にアメリカ合衆国由来のウエアだが、日本のわたしたちにもおなじみだ。多分、日本人男性で着用したことがない人はいないと思う。

このボタンダウンシャツは昭和30〜40年代生まれにとっては、「アイビー」を象徴するアイテムになる。そして「(アメリカン)トラッドのシャツ」といえば、「ブルックスブラザーズのボタンダウン」と即答できるほどBBのBDは有名だし、ほとんどのボタンダウンの原型と言えるのではないか。

だから初めにこれは言っておくが、昨今のボタンホールの糸が黒や赤の色付きであったり(ボタン糸まで色付きだったりする)、挙げ句の果てには襟の腰裏にチェックとかの柄生地が張られてあったりする(ぶちこわし的にダサい)ボタンダウンは、それらとは全く違います。

VANジャケットの石津謙介さんやくろすとしゆきさんたちが、60年代のアメ

石津謙介 戦後、日本の男子の服飾界で初めての「ファッションらしいファッション」がアイビー・ルックだったといえるが、50年代にVANジャケットを立ち上げた石津氏の功績は大きい。雑誌メンズクラブもすべて氏の影響下にあった。

くろすとしゆき 60代にVANジャケットで企画を引っ張ってきたアイビー・ルックの張本人。服飾評論家としても知られ、名著『トラッド歳時記』は1950年代生まれの服好きにとって、アメリカン・トラッドの教科書として記憶に残る。

リカ東海岸のアイビー・リーガーたちの「出で立ち」を紹介した写真集『TAKE IVY』がメンズ・ショップや喫茶店にも置かれていたことなどを思いだしたのは、新型コロナウイルス感染拡大でコメントするクオモNY知事をテレビで観たからだ。紺のジャケットにサックスのボタンダウンでノーネクタイ。文句のつけようがない東海岸のトラディショナルな着方である。

そのアメリカン・トラッドは、70年代あたりになると、シャツはバックプリントのTシャツやネルシャツやダンガリーに、ジーンズは細身のリーバイス501の66モデルやリーのホワイトジーンズからフレアーやベルボトムに、靴はローファーではなくレインボーサンダルを履く西海岸系サーファーに取って代わられたが（わたしの場合モロそれだ）、唯一VANやKENTのボタンダウンだけはずっと着ていた。もうひとつ、これはもともとはフランスものだけど、ラコステのポロシャツもそうだ。

今回、自分が持っているシャツをたくさん引っぱり出してチェックしたが、その時代のものはもう見当たらないものの、50％ぐらいがボタンダウン。それぐらい長い間着ているシャツの一モデルだ。というか、シャツだけで過ごす暑い季節や、ネクタイを締めないで上にジャケットを着る場合、なんといってもボタウンダウンがいちばんしっくりくるからだ。

写真集『TAKE IVY』 林田昭慶カメラマンがアメリカの名門8大学を取材し、1965年に出版された伝説の写真集。2000年代に入って復刻版も出たし、数年前の『ポパイ』誌でも同名の特集がされていた。

66（ロクロク）モデル リーバイス501は60年代にXX表記がなくなるのだが、その転換期にあたるモデルが66モデルである。販売時のポケットに付けられる紙のフラッシャーに「1966」と記載されたことからそう呼ばれる。作業着からファッションのアイテムとしての「ジーンズ」への転換期がこの細身になった66モデルだ。

リー リーバイスと並ぶ米国のジーンズメーカー。コットン・ホワイトサテン地の「ウエスターナー」と呼その場合、ジャケットなどの上着とその下に着るシャツのバランス（いわゆるVゾーンというやつ）が、その人の一番センスが出るところだけれど、それをシンプルに見てみると、首から胸元あたりの襟そのもののデザインと襟が開いて首元が見える感じ（＝おおよそ面積）がどうかということが大きい。

このバランスは、メンズのシャツに限るもので、「シルエットを絞って」とか「ラペル（ジャケットの下襟）の形や位置」とかの大きなデザインの話ではない。アメリカン・トラッドでもクラシコ・イタリアでもボタンダウンは、襟の部分のディテールとデザイン的な要素はほぼ一緒である（しつこいが冒頭の色糸や柄腰裏は違うカテゴリーね）。だから、基本的に（ノーネクタイで）ボタンダウンを着ることで、ちょっとした着こなしみたいなことを覚える。

世の服好きには「ボタンダウンばかり。それも無地ばかりで例外はギンガムチェックとタッターソール」という人が実に多い。で、その場合6つボタンと7つボタンの違いは大きいのだが、そういうことを知る人は少ない。

もっとも、今回自分のボタンダウンのシャツ、「確かアレ、6つボタンやったんと違うかなあ」といろんなブランド、日本製、イタリア製、中国製……といろいろ見てみたが、ほぼ全部が7つボタン。6つボタンはプルオーバーのボタンダウン

ばれる人気モデルが、それまでカウボーイのイメージだったリーをアイビー・ルック的なファッション・アイテムに転換させた。

KENT　アイビーリーグの学生のスタイルを取り入れて人気のVANのお兄さんブランドとして誕生した。60年〜70代の初期、ビジネスマンが颯爽とボタンダウンシャツにレジメンタルタイを締めてスーツを着こなす姿が懐かしい。

シャツと同じで、一昔前のスタイルなのかもしれない。
大学教員の向井光太郎氏（51歳）は、大阪ミナミの生まれ育ちで関西学院大のア

リゾルトのデザイナー林芳亨さんはボタンダウンを着ることが多いが、いつも６つボタンのものだ。「下にＴシャツを着てることが多いのもあるけど、第1ボタンを開けたときに、7つだとちょっと窮屈。かといって第2ボタンまでを開けるとイヤらしい。ボタンの数を6つにすると、第1ボタンだけ開けたときにちょうどエエんです。襟もうまくカールします」

メリカンフットボール部OB。アメリカン・トラッドを絵に描いたような人だ。ブルックスブラザーズのボタンダウンについては、10年ぐらい前は伊勢丹メンズにしかなかった6つボタンのエクストラ・スリムがあって、その後「ミラノ・フィット」という名前になって、どこの店舗でも手に入るようになった。けれど気がつけば廃盤になったのではないか、とのことだ。

このボタンダウンシャツのボタン数6つ／7つの違いが教えてくれるのは、まったくシャツがつくるVゾーンのバランスの基礎の基礎だが、これはワイドスプレッドでもデカ襟のアロハシャツでもポロシャツでも、第一ボタンを開けて着るシャツに通じる事柄なので、常々気にしておきたいところだ。またボタンダウンに限っては、Tシャツをのぞかせるのがいい。

「ん、そうかな。オレはいつもボタン2つ開けるけどね」という人は、まあ当然別の話（けどアジア人の胸毛は見苦しいわ）になるけど、ネクタイを締めない場合のシャツについては、上からジャケットやブルゾンを羽織ったり、Vネックのセーターを着たり……と、ほぼ同じ感覚で、自分の首の長さ太さ、胸部の形や厚み……といろんな要素を勘案して「自分の感じ」（個性というやつ）をつくっていこう。

右が 6 つボタン、左が 7 つボタンのボタンダウン。「ブルー、ピンク、キャンディストライプ、チェック、いろいろ着た 20 代でしたが、ここ 10 年は白ばっかりです。ジーンズはリーバイスの Made&Crafted、スニーカーも紺系ばかり、いつもおんなじカッコです（笑）」。

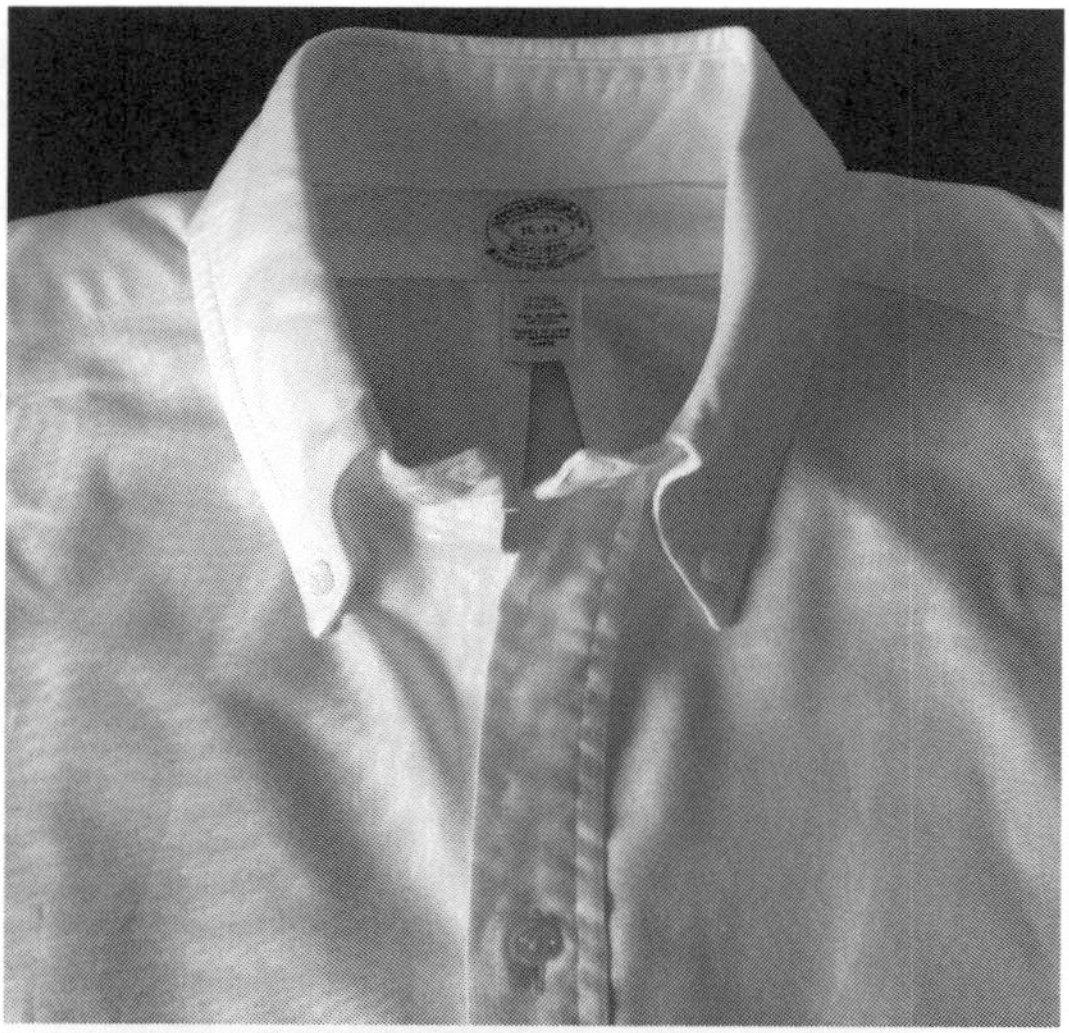

上が６つボタン、下が７つボタン。
ちょっとしたことだが、第1ボタンを
開けたときの感じが大きく違う。

ワニのマークのポロシャツとブランドについて

わたしは「ワニのマニア」と異名を取るほどいろんなラコステのポロを持っている。気がつけば「ひと夏をラコステのポロシャツで過ごした」みたいな年がある。よく似ているポロシャツだがラルフローレンは「やっぱり違う」と思っていて、けれども2枚持っている。

「なぜポロシャツの胸にロゴやマークなんかついているのを買うんでしょうか」

「ポロシャツは、素材とデザインが良くて、着やすくて夏に涼しくて汗が乾きやすい。それ以上のものは意味がないですね」

「Tシャツもそう。極力マークとかロゴとかが入っていないものを選ぼうとするんですが、なかなかないんですよね。だから買ってきたら胸のマークを外すんです」

編集長をしていた『ミーツ・リージョナル』誌が売れてきて、大阪や京都や神戸のどの本屋さんにも並びだした90年代の初め頃、ラコステばかり着ている30代のわたしに、そういうふうに言った10歳ぐらい上の女性がいた。それ、ぜったい嘘やろ。

その人は、どまんなかのファッション業界の人ではなかったが、世界の陶芸とか家具とかにうるさい人だった。標準語だったけど、関西人かどうか、また金持ちだったかどうかは知らん。

服は使用価値ではない。象徴価値に決まってるやん。

直木賞作家の姫野カオルコさんは、そのあたりのことについて、象徴価値を説いた当のジャン・ボードリヤールなんかよりもよくわかるように書いている。

シャネルだから好き。これはヘンだ。好きだと思った服のメーカーを後で知ったらシャネルだった、これはヘンではない。

ゴルチエは前衛的でかっこいい。これもヘンだ。前衛的でかっこいい靴だと思って買ったらゴルチエだった、これはヘンではない。

さらに、シャネルだと自慢したいわけではないがシャネルを買う、これはヘンだ。シャネルだと自慢したいからシャネルを買う、これはヘンではない。

つまり、本人が本人の心で判断するのはヘンではないが、他人の貼ったレッテルを鵜呑みにして自分で判断しないのはヘンである。

だから、たとえばレストラン案内の本や雑誌などを見て、

ジャン・ボードリヤール　情報を軸とした高度資本主義社会において、モノの記号的消費という観点からモードや欲望を書いた『象徴交換と死』（ちくま学芸文庫）は必読。

「ほほう、これが四つ星のレストラン、〇〇〇か、なんだたいした味じゃないではないか」

と、思うのも、

「ほほう、これが四つ星の〇〇〇か、ううむ、さすがにうまい」

と、思うのも、「あらかじめ〝構え〟ができてしまっている」という点では、ヘンな味わい方法である。

（姫野カオルコ『ほんとに「いい」と思ってる？』角川文庫）

そこで考える。「ラコステだから」好きだ。これはちょっとおかしい。ヘンだ（そこにある種のとまどいと困惑がある）。

「お、これいいな」と思って買ったポロシャツがワニ付きのラコステだった。本当はこれ、至極真っ当。が、そういうことは、ことラコステに関してはない。というか、記憶にない。

もっというと、「ラコステ着てまっせ」と自慢したいわけではないが、ポロシャツに限っては必ずワニがついたラコステを買う。これもなんかおかしいのかなあ。

わたし流に話を付け足していくと、ロレックス・エクスプローラーはGショックより正確だし頑丈だから欲しいのではない。エルメスのオータクロアやバーキンは、「あら、これってわたしがよくスーパーで買うキャベツ1個丸ごと入るから便利」とか、ルイ・ヴィトンのプラスティックでコーティングされたモノグラムの財布は、「革よりも丈夫だし軽いから」とか、そういうものじゃない。

中学生でもわかるやろ。それはみんなが「すっごーい」と言うてくれるからにきまってるやん。いや、さっきのおばさんみたいに、「40代になったらブランド云々とかは言わないの」的なファッション観に人格形成されるかも知れんが、記号が象徴する「社会的な優越性」や「情報感度の良好さ」は、それに対して「本当のお洒落とは違うんです」などととやかく言及するのではなく、「ブランドもんというものは、そんなもんですわ。あっはは」といった良質な諦観が、服を着たりすることを楽しくさせるのだと思う。

というわけで、わたしはラコステ的なブランドが好きだ（エルメス的でも、リーバイス的でも可）。だから、無印良品という「ブランド」の服はどうも好きになれない。一度、「足なり直角靴下」というのを買ったことがある。なぜ買ったのかは「まあ、無印でええんちゃうん」という歯切れの悪い決断だった。

50足はあるだろうか、ソックスばかりが突っ込んであるワゴンのなかで、その無印のソックスは知らん間に紛れ込んでどこかに行ったか、いや捨てたはずと思っていたが、靴磨きのブラシやクリーナーを入れてる箱の中にあった。L字が靴磨きのときに手首と指の角度と相まって靴墨を塗るのに都合が良いことを思いついてそうしたのだが、それすら忘れていた。こういう悪いことを書くぐらいに無印良品はブランド的に嫌いだ。「よく売れてる」「ベストセラー」とかの「ビジネス的偏差値の高い」ブランドと、「かっこいい」はなんの相関関係もない。

無印良品のうっとうしさは、「それとわかるブランドものを着るのは賢い消費者ではない」というところだ。これってどっかに「マークやロゴが付いてるの絶対イヤ」みたいな「なりふりの構わないなりふりの構い方」みたいなところがある。「ブランドなんて関係ない。カッコよく着られますから」というスタンスは思い上がりだ。そのうえで言うのだが、無印良品のパラドクスは「このシャツどこのブランドか知らんけど、ええデザインやし素材も着やすいし丈夫でええわ」という発見がないところだ。

「この服は正しい」(=かっこいいとは限らない)みたいなボンクラさを服やモードに何の関係もかかわりもないコピーライターが、マーケティングと資本を元に「非ブランド」という「ブランド商品」をひねり出した、つま先からてっぺんまで(家具もキッチンもやってるな）広告的手法の上に成り立っている商品で、「カッコいい」とは何の縁もない。

かつてのユニクロは「安いです。でもそこそこかっこいいでしょう」みたいな、「言い訳加減のような可愛げ」があったが、まったくそれがない。加えて「どや、リッチやろ」「これかっこええやろ。アルマーニや（別にナイキだってオッケー）」のおおらかさがない。あるのは広告コピー制作的な徹頭徹尾のビジネス感覚。それがファッションの世界をどんどんつまらなくしてしまう。

さて。ラコステである。

わたしには年の離れた兄がいて、兄が大学生の時にわたしは中学生だった。70年代初頭のことで、兄は多分にもれずアイビーだった。ＶＡＮやＫＥＮＴ、ブルックスブラザーズやマックレガーといったアメリカン・トラッドの数々のなか、ポロシャツだけがメイド・イン・フランスのラコステだった。

というか、ポロシャツはラコステしかなかったし、発売されたばかりで中学生の憧れだったダックスホンダに乗っているイケてる高校生の兄ちゃんなどはクロコダイルを着ていたりしたが、「ポロシャツと言えばワニのラコステ」。ほかの「ワンポイントマーク」は、ポロシャツの亜流という位置づけだった。中坊のわたしは「フ

マックレガー McGREGOR。アイビー・ルック後期の70年頃に人気だったアメリカのブランド。ネクタイを締めるスーツ・スタイルではない、品の良いアメリカン・カジュアルなテイストが特徴。ドリズラーと商品名が付いたブルゾンが今なお色あせない人気アイテム。

ダックスホンダ 本田技研工業より１９６９年に発売された50ccバイクの名作。カブしかなかった原付の世界でオシャレ～レジャーバイクとして知られた。腰掛けず跨がるポジションがスクータとも違い粋だった。

クロコダイル 60年代に大阪のアパレル「ヤマトインターナショナル」がストリートで流行らせたワニのマークのポ

上は 20 年くらい前から洗い倒して着ているラコステ。下は何年か前に、イスタンブールに行ったとき。上と同じラコステやんか。

ランスという国は、怪態なマークをつけんねんなあ」と思いつつ、「これがポロシャツというもんやねんなあ」と鹿の子の生地とセットで強烈に刷り込まれたのである。

10代後半から20代にかけては、アイビーから長髪、ネルシャツ、ベルボトムにレインボーサンダルのサーファーへ「偉大な転向」をした70年代後半だったが、ボタンダウンのシャツとラコステのポロだけはそのまま着続けていた。そんなところにアメリカ製のラコステであるＩＺＯＤが登場し、「より西海岸っぽい」という位置づけだったのを、これを書いている今、思いだしている。

その後、しばらくして米国製のラルフローレンが出てきて（女子高生が上手に着ていたなあ）買ってみたり、アルマーニやオールド・イングランド、ジョン・スメドレーとかの素材や襟の形が違った、むっちゃ高いということだけが共通するブランドのポロシャツに手を出したりしてみたが、ずっとラコステばかりを着ていた。

理由は中学生の頃から30代後半まで20年以上着ていて、あのシンプルなデザインのポロシャツの着こなしがわかるというか、「ほかのポロでは何となくおかしい」。多分そういうものかもしれない。

けれども、いややっぱり「ワニのマークやろ」とつくづく思うのだ。それがライオンや虎、鷲や鳩だったらあかんと思う。猫でも犬でもあかんな。

ロシャツ。ツッパリ的なテイストを持つ男子高校生の間で人気だった。

オールド・イングランド　パリのオペラ座のすぐ近くにあった古典的で巨大かつ豪勢な建物のブティックが忘れられない。オールド・イングランドというブランド名が、フレンチ・トラッドの代表ブランドであり店舗であるのがややこしいな、と思った。日本では80年代からライセンス生産が行われている。

ジョン・スメドレー　ニットで有名な英国のブランド。一目でそれとわかるシーアイランドコットンのポロシャツやセーター。同様の細番手メリノウールを使ったタートルやカーディガン。歴史はなんと1784年にさかのぼる。

ラコステでサイズ感について考える

わたしの中学生からのラコステのポロシャツ史については、特筆すべきものがある。それについて書こう。

2000年ごろだと記憶しているのだが、30枚ぐらい持っていたポロシャツを処分し出した。少し前にパリやニース、ミラノやナポリに行ったときに買ったり、人に頼んで買ってきてもらったりしたものも含め、「これ、違かったなあ」と着なくなったり人にあげたりした。

バブルの頃のアルマーニやヴェリー・ウオモ、ビブロスとかの服を覚えているだろうか。肩パッドてんこ盛りで空飛ぶような大きなラペルが付いているジャケットや、加えて脚が2本ぐらい入る太さのパンツのスーツ。「これはもうダメやろ」「なんでこんな変なデザイン買ったんかなあ」と苦笑しながら、依然としてクローゼットのなかにあるのを処分したのが、ラコステのポロより5〜6年ほど早かったが、本質的というか決定的というか、今まで着ていたポロシャツについて「サイズ感の間違

ヴェリー・ウオモ、ビブロス バブル期に日本で一世風靡した数々の高級イタリア・ブランドのなかでも人気があった。捨てられず、いまなおハンガーに掛けられているスーツやブルゾンを見て、懐かしくなって着てみたりするがやっぱり外は歩けない。

い」を感じたのだ。

考えてみればラコステにしろ、ラルフローレンにしろ、同じメーカーのポロシャツは選ぶ要素は単純で、サイズと色だけである。けれども「なんでずっと気づかなかったのかなあ」というぐらいオーバーサイズを着ていたのだ。もともと腹が出ているから胸や胴回りは少々大きくてもイケる。が、着丈が長すぎる。「これはあかんなあ」である。もう絶対着て外出できない。

こういうことは本格的にラコステを着だした20代の時に気づくべきだった。けれども日本のセレクトショップもそうだったが、フランスやイタリアに行った際、ラコステのブティックで店員さんにサイズの「4」、ときには「5」を薦められて、何の疑問もなく着ていたのである。

ラコステを毎年のように買っていて、後ろ首のところのネームタグのデザインが変わったり、MADE IN FRANCEの表記がなくなったり、そういうブランドっぽいことには「あれ、変わったなあ」と気を遣っていたが、サイズに関しては「4」より「3」のほうがしっくりくるな、ぐらいに思ってるだけだった。

さきほどのバブル期のイタリアものの一連がそうだが、サイズ感はブランドものの服を間違って着てしまうひとつの盲点だ。ラコステという「ブランドそのもの」

にはこだわっているが、肝心のカッコよく着ることへの無頓着さが恥ずかしい。

そのラコステだが、10年ぐらい前に新しい「L!VE」ラインを出した。初めて見たのは近所の「ラコステ三宮店」で、奥の方の定番のポロシャツコーナーに並ぶ見慣れた定番のグリーンのワニ（L1212）ではなく、表の方にぽんぽんという感じで置かれていた。セール中だった。「30％オフ、2枚買えばさらに10％オフ」みたいなバナナ・リパブリックがやってそうなアメリカンな値引きだった。

わたしはこういうのには弱い。黄色と明るい青とオレンジと赤の中間ぐらいの3色があった。素材は鹿の子だが、定番に比べてちょっとなめらかな感じだ。

「お、これは？　新作か」と手にとってまず目に入ったのが一回り、いや二回り大きなワニのマーク。「でかワニ、それも白ワニやなあ（昔のIZODの青ワニを思い出す）。いや、そうか、ラルフローレンもデカいマーク流行ってるもんなあ」と、セールで投げ売りされる事情を一気に把握した。

日本のラコステ・ファンは、どうしてもラコステはさっきの「奥の方の棚に丁寧に並べられている、昔からの定番の、緑ワニ（L1212）」でないとラコステでない、と思っているのだ。「無類のブランド好き（とセール好き）」のわたしは、それが良くわかる。「ポロはラコステ」にこだわってきたファンにとって、「でかワニ」「色ワニ」

の類いは、「パチもん」に見える、あるいは正統ではないと思われていたのではないだろうか。

けれどもパチもんやパロディに関して寛容なわたしは、逆に「おもろいなあ。新しいなあ」と思った。早速、店員さんに「定番のよりスリムですよ。4ぐらいですかね」と広げて肩に当てられ、薦められるまま「4」を試着した。

「おっ、これはむっちゃエエなあ」

その時に「おっ、このサイズのこのボリューム感、オッケー」と思った。胸回りもぴったりで、何よりも着丈がジーンズのベルトループのちょっと下の理想的な感じだ。

今さらながらだったが、ポロシャツはTシャツと同じく、わたしの場合サイズもデザインもだいたい「L」が基準で、パッと広げて見て「こんなもんかなあ」で買っていた。ラコステのポロをこういうふうにしてきちっと試着して、鏡で見るのは久しぶりだった。黄色と青のサイズ4を2枚買いして喜び勇んで帰った。

ラコステに関しては、S、M、Lのサイズではなく、2、3、4、5というサイズで、自分の場合は大方4と5であるはずだ。ポロシャツばかりの引き出しを開けて定番のL1212ほかあれこれ出してきて、試着してバッチリだった「でかい白上から 90 年代初めのもの、まだ MADE IN FRANCE と書いてある 2000 年頃のもの、5 〜 6 年ぐらい前のもの。

2019 年に日本の正規ブティックで買った L!VE、白ワニと赤ワニ。あれ、タグが変わってるぞ。ワニはそれまでよりちょっと小さめな感じで、このあたりが面白い。サイズ表記は M になっている。

ワニ」の「L!VE」を比べた。定番のより、襟が少しだけ短いな。ちょうちん袖は30％くらい短くて細い。L1212と同じ2つボタンだが、前タテのステッチがなく、それで余計に細身な雰囲気が出ている。

タグを見るとメイドインチャイナで、コットン96％、ポリウレタンが4％、襟と袖のリブ部分がコットン100％。

なるほどなあ。

引き出しのなかのラコステは、ほとんどサイズ4または5だったが、L1212は黄色と白の2枚だけサイズ3があって、引っぱり出して新しい「L!VE」と重ね合わせて比べるとほぼ同じサイズだった（新しいラインの「L!VE」はワンサイズ小さいのだ）。

その時に、30年ぐらいかけて増やしていった自分のラコステ・ポロのデカ過ぎるサイズ感を確認する（わざわざ古いのを着て比べてみた）のと同時に、ラコステのポロシャツについて、なんだか「学習した」気分になった。

そこからどんどんL!VEの4サイズを買っていって、代わりに今まで着ていた定番のラコステの4、5サイズを折に触れて処分していった。ものすごいセコい話だが、メルカリで程度のいいのを5枚ほど出して売った（2500円ぐらいでソッコー売れた）。

今現在のラコステは、定番のL1212は、2、3、4、5というサイズ表記だが、日本の正規ブティックで並ぶL!VEは、S、M、Lの表記になっているようだ。なんでそうなるのかようわからん。

ただポロシャツやTシャツを買う際は、「大事なのはサイズ感」と思うようになって、「だいたいLやろ」というような横着な選び方で買うことはやめた。高いラコステ、もっと早よ気づいていればよかったのに、と処分しながらつくづく思う。

イロハにアロハ、おじいのアロハ

アロハシャツについて、以前、フェイスブックの連載【玄関先ですいません】を投稿したら早速、道野正シェフから「俺はこんなん持ってるで」と自身がアロハを着た写真とコメントがぶら下げられた。

「やっぱりミチノさん、キタかぁ」。わたしは微苦笑である。

日本のフランス料理界の重鎮・道野シェフは60代半ばだ。

阿呆ほど服を着倒し、鬼のように腕時計をコレクションし、その昔は１９６９年式タテ目のメルセデス２８０ＳＬ（それも黒のオープンで、レストアに５００万円かけてた）とかに乗ったり、もちろん料理の腕と姿勢で（２０１８年には『料理人という生き方』というすごいカッコいい書籍を上梓している）メディアに注目されているシェフだが、ファッション編集者にも知られた存在だ。

ことアロハの話になると、必ずこういった街場のクロウトが登場してくるからおもろい。というか、アロハシャツはファッション・アイテムの中でも独特の存在だ。

タテ目のメルセデス２８０ＳＬ　ヘッドライトが縦長の楕円形状なのでそう呼ばれている。オールド・メルセデスの中でも史上最高にカッコいい、名車中の名車。今なお人気が高い。大変高価だが。

ただ、アロハシャツは難しい。ひと言で言うと「突然、アロハを着ても似合わない」。だからファッション業界の人間を容易に寄せ付けないのだ。

「ひと夏アロハを順番に1日2回着替えても、全部着ることが出来ない」。そんな「アロハ持ち」のミチノさんの場合は、アイテムや柄のことなど基本を飛び越えて、下

江弘毅さんは **Yumiko Aoyama** さんと一緒にいます。
2019 年 6 月 12 日・

【玄関先ですんません】シリーズ
相方のファッション Instagram no.52
アロハ着るときのジーパンは、こんくらいはいたもんやないとあかんで篇

アロハは今が一番気持ちが良い。
レーヨンのもんやから、30°C越えると暑いし、湿気でも暑い。よって真夏には向かない服だ。

この鯉のぼりのアロハは 10 年ぐらい前、ドゥニームのはやっさんがアロハを毎年 4 〜 5 枚出してたんやけど、楽しみに年に 1 〜 2 枚買ってたもんり頃のひとつ（エエ色やなあ。目のとこだけ黄なのもエエ）。

ジーンズもドゥニームの XX。
アロハは今風の細っそいジーパンはあかんと思うし、ストレッチなんか論外やと思う（んなもんもってないけどな）。
それとこないだも書いたけど、ジーパンは破れてるのはいややし、わざわざ破ったのんなんかははきたない（もったいないわ）。

いいね！　コメントする　シェア

に着ているTシャツのネックの具合まで完璧だ。

「わかってるなあ」とつくづく思う。

アロハは、スーツからネクタイ、ローファーまで揃うセレクトショップではなぜか置いていないし、デパートやユニクロやH&Mにアロハを買いにいくことはない。たまにGAPなどのアメリカンカジュアルのメガショップで見かけたとしても、それはほとんどの場合アロハもどきである。

だからか、ビンテージ・ジーンズのメーカーは、ファッション・アイテムとしての考え方がアロハに親和的というか、エヴィスにしろ、ウエアハウス、ドゥニームにしろ、オリジナルのアロハをつくるのだった。

ちょっと前までは、アロハはサーフボードやウエットスーツ、ワックスなどを置いているサーフショップで、サーフィン・メーカーのTシャツやサーフパンツと一緒に並べられていた。わたしは10代後半から20代半ばまで、それこそ波のある日は(和歌山へはクルマで45分)ずっと海に入ってたサーファーで、Tシャツもしくはアロハにジーパンもしくは短パン、レインボーサンダルだったので、アロハの着こなし方、難易度の高さを理解しているつもりだ。

しかし冒頭の【玄関先ですいません】を見ても、自分にとってアロハはも

陸サーファー 70年代のサーフィンブーム時に、そのスタイル(潮焼け脱色したロン毛にTシャツ、ジーンズ……)が流行した。そこで「海は行かないけれどクルマにサーフボードを積んで街に出る」という「カッコだけサーファー」が登場。

う、これは現役ではないファッション・アイテムになってしまった、などと思うに至っている。要するに「浜の感じがしない」というか、海に入らない陸《おか》サーファーみたいな雰囲気になってしまっているのが自分でわかるのだ。

だからこれから述べる「自分の現在進行形のアロハ観」みたいなものについては、ミチノさんと、このあとの大阪心斎橋の「飲めるCD屋「ザ・メロディ」」の店主・森本徹さんに取材させてもらって書いていくことにする。

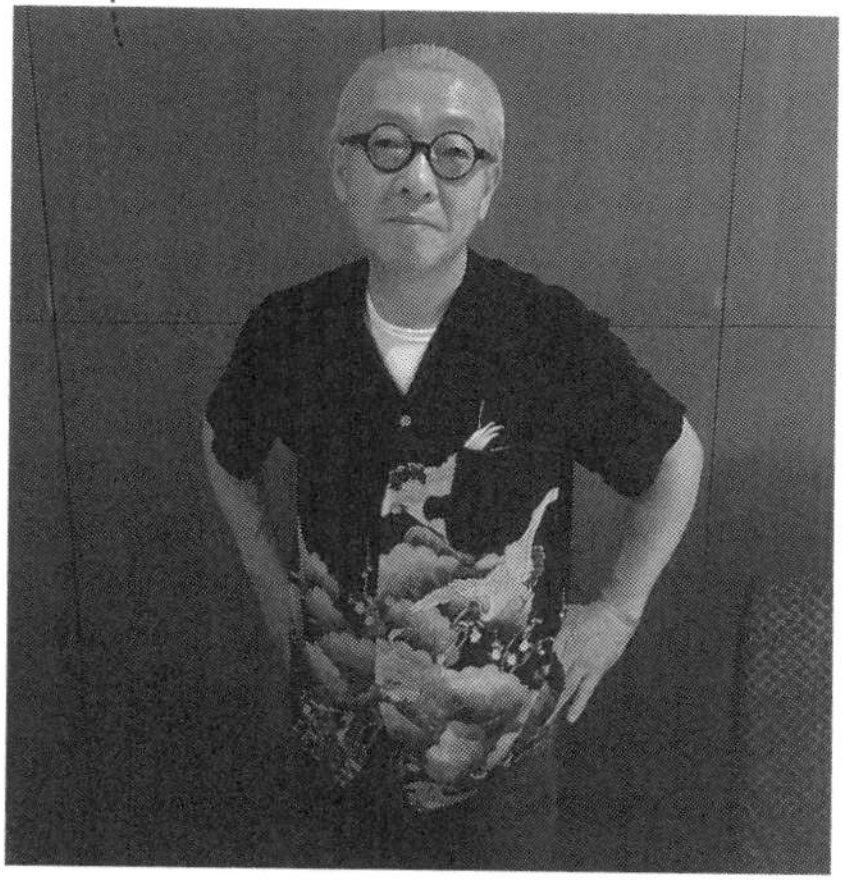

「オレはおじいですが、夏はほとんどアロハ。なんせ着ないと数があるもんで。これは京都のパゴンで誂えたシルクのアロハ」と道野さん。

道野さんのタンスを開けさせてもらうと、ひきだしは言葉が出ないほどの数のアロハで埋めつくされている。

森本さんは1976年にレコードショップ「メロディ・ハウス」を開店。「ウエストコースト・サウンド」「AOR」「フュージョン」の時代に、東京より街的に進んでいた大阪の音楽シーンをベースに雑誌『ポパイ』に連載していた。

ラジオの音楽番組の出番も多く、ハワイのラジオ局KIKI（キキじゃなくてケーアイケーアイね）とラジオ大阪がコミットした番組に出演していたとき、その番組をプロデュースしていたニック加藤氏と知り合う。番組では日本で初めてカラパナを紹介したり、セシリオ&カポノなどハワイの現在進行形のミュージックシーンを日本でブレイクさせたりしていた。70年代からヒッピー的なライフスタイルでハワイに住むニックさんに招かれ、以来森本さんは深くハワイに入っていく。

現在の「ザ・メロディ」ではあいかわらず、かかっている音から定期的に開かれているウクレレ教室や、ハワイアンコーヒーやビールなど飲み物までハワイアンだ。けれどもフラダンスを習っている人たちとは違った（ここが重要）ヒップでモードなサーファー感覚が漂っている。これは伝統的な大阪サーファー文化の中心地ミナミならではのテロワールだ。

取材の日には、コロナ禍が起きるつい先日まで、この界隈でバーテンダーをやっていた現役サーファーの吉田幸司さん（50歳）がやってきた。この着こなしは、こ

エヴィス・ジーンズの和柄アロハ。10年ぐらい着ているもので「一番丈が短いのを選んで買いました」と吉田さん。オーバーオールはラルフローレンのDENIM & SUPPLY。オーバーオールの上からアロハを羽織るこの着こなしは抜群としか言いようがない。

の髪型から肌の色……。これはなんというか、70年代西海岸的言い方なんだが、ライフスタイルのすべてがあってできるものだ。

「〝アロハ〟と違う。〝ハワイアンシャツ〟やで」と言うのは森本さん。「〝アロハ〟と言うてしまうと、ビアガーデンとか温泉旅館の夏のイベントのハワイアンバンドみたいになってしまう」

わかるわかる(笑)。森本さんが70年代の『ポパイ』からずっと紹介してきた音は同じハワイアンでも違うもんなあ。そこらへんが、アロハを「快適」に着こなすことの感覚なんだろう。

で、70歳を過ぎた今も年中ほとんどハワイアンシャツを着ている森本さん。スタンダードな開襟のいろんな時代のいろんな柄、ボタンダウンのプルオーバーを含め、数えきれない枚数を持っている。「ブランド的にはマニアックなものやコレクター・アイテムには興味がないけど」という。今日のは長袖の花柄でコットン100%。数年前30ドルぐらいでハワイ島のホノカアで買ってきてもらったもの。

「日本の場合、レーヨンは暑いから、コットンのものを多く着てます」とのことだ。絶対ボタンは外さずに着る。今日は短パン、革のデッキシューズ。

森本さんのハワイ・コネクションによる、代表的な絵柄パターンのシャツを見せ

森本さんに代表的な絵柄パターンのシャツを見せてもらう。

てもらう。花や葉、樹木そのものや竹、パイナップルなど。天地左右それ自体が1枚の絵柄となる「ホリゾンタルパターン」や裏生地を使ったボタンダウン……。

アロハはシャツ自体がインパクトの強い一つの絵画みたいで、そこに世のファッション・ピープルが興味を示すのだが、都会的消費社会のなかの流行やトレンドとは無縁のものだと思う。アロハを着ることは、自然や地勢、季節の変化や民俗音楽に囲まれるのと同様なのかと。

で思うのだが、70年代のウエストコースト・ミュージックのレイドバック感。わかる人にはわかると思うのだが、あの時代の西海岸由来の揮発するような表現の空気の束。そのひとつとして、サーファーのそれは確かにそこに「かすっていた」。だからミチノさんや森本さん（おふたりともサーファーではない！）のように、70〜80年代のTシャツ、ジーパン、スニーカーをリアルタイムで経験した街のジジイがカッコいいのか。

コロナ禍でのTシャツ考

在宅でリモートワークばかりのところに久しぶりに紙媒体のリアルな対談の仕事が入ってきた。対談の写真も撮るとのことだ。「ジャケットを着て来てください」との注文だったので、半袖ボタンダウンのシャツ上に3つボタンの紺地のジャケットを着ていく。

まあ暑い季節だということもあってスーツをまったく着なくなった。というのは半分嘘だ。暑くても「出るとこに出なアカン時」は長袖の上着のひとつも着るわなぁ。家にいるとだれも見てくれないからスーツは着ないのだ。

2020年7月31日の朝日新聞のインタビューで、ファーストリテイリングの柳井社長が、「コロナで生活様式が変わった。生活様式が変われば、服の選び方も変わるんですよ。ドレスやスーツはほとんどの人の生活に関係しなくなったんじゃないですか」と話していた。「一気にカジュアル化の流れになった。ある意味、我々は運がよかった」とも。

この「カジュアル化」というのは、単にスーツやジャケットが、Tシャツと短パンに変わったことではないと思う。コロナ禍で他人がたくさんいる都市空間や人の家を訪問することがなくなって、ファッションつまり服の意味が変わってきたのだ。

けれどもカジュアルということでいえば、今春夏（2020年）のグッチのラム・プリントTシャツはその「カジュアル」ど真ん中である。すでに売り切れているみたいだけど（白を買おうかと思った）、5万円弱という値段（を見て、イスタンブールや釜山で探せばもうコピーは売ってるだろうと思った。違法だが）もあるが、ステイホームでは着ないし、それを着て近くのローソンにおにぎりは買いにいかないと思う。

ユニクロの柳井さんが朝日新聞で発言している内容は、徹底的に数字ベース、経済軸の財界人的なスタンスである。だからわたしら服に関してのクロウト好みからすると「ちょっと違うなあ」というところがあるのだが、逆にだからこそ1000円以下という前提があるユニクロのTシャツはすごく一般的に売れるんだろう。

GAPが日本に来て以降のあの手の服は、「外食1回分でシャツ1枚」みたいな「適正価格」というのがあるようだ。ユニクロはそこにヒートテックとかの機能性と、無印良品的なストライクゾーンが広くて長いトレンドを加味した。

値段がまずありきのうえに、「使用価値が服の本質じゃないのか」といった問いを気にし出すと、スーパーの売り場でティッシュペーパーやラーメンを煮る鍋の値段を見比べて買うみたいな工業製品的世界で、あまり面白くないと思うのである。

いずれにしても、今夜食べた鮨が1万5000円でとか、ちょっと高いブルゴーニュの白ワインを2杯飲むと3400円で、それを服に置き換えると……みたいな「コスト的なこと」を考えてしまうと、どんな服をどう着るかの発想はどんどん貧弱になる。

ファッションが専門でもある哲学者・鷲田清一先生に教えてもらった大きな原理は、ファッションには「身体の演出」といった側面と、「流行という社会現象」の側面があることだ。

いっぺんに言うと、今日はどこに行って誰と会うのだから、「この服を着て行こう」「靴はこれで」とあれこれ選ぶこと。そして選んだ「あれこれの服」が流行やモードの中ではどうだ、ということとの関係性の網の目みたいなものだろう。

そのうえで、「あっ、この人かっこいいなあ」と人の視線を奪い取ってしまえる。そんな魔術的な権力を作り出すのもファッションの力にほかならない。

神戸の居留地でポップなサクランボのイラストの下に「BEVERLY HILLS !」と書いてあるグッチのTシャツを着た20歳ぐらいの女の子を見て、「うわぁ」と思った。

それは単に「派手」で「目立つ服」ではないはずだ。そう語句のまま入力してしまうと、「ヒョウ柄を着た大阪ミナミのおばちゃん」を思い浮かべたりしてしまう。けれどもその服が単に値段が高いとか安いとかから遠く離れた、社会や街で今「何がかっこいいかの美意識」の領域にいってしまうところにファッションの面白さがある。「まず外見ありき」なのである。人は最初に立ち上がるそのレイアーのなかで、自分はどんな人間なのかのアイデンティティと、そもそも「今／ここ」で何をしに来たのかとかを表現しようとする。このジャケットを着るのだが、ネクタイを締めようか迷ったり、そのネクタイの柄はどうするのか悩んだりする。そしてファッションは装う人の社会的な属性や仕事や遊びについての態度までを暴露してしまう。

長いステイホームで気がつくのは、そういった「服飾と人と社会の絡みあい」が変容してしまっていることだ。ほとんどなくなってしまったと言ってもよい。

しかし、ステイホームを強いられている関係で、「自分はおしゃれである」ということについて他者の承認を得たり、「あの人はおしゃれな人だ」という評判をゲットするのがすごく楽しい。醍醐味である。そのために服を着ている。ということは「どういうことなのか」について考えたりしている。

その一つの切り口が、「オレはラコステのポロシャツをなんで好き好んで着るのか」

これ以上にないカジュアル感
のイラスト&レタリング。

や、「Gショックのほうがより正確で丈夫なのにどうしてロレックスが欲しくなるのか」とかについてのブランド的な「象徴価値」だった。

が、ここに来て思うのは、「かっこいい人だなあ」「わあ、いい靴履いてるなあ」と感じること、それらすべては「街場だからこその話」なのかもしれないということだ。

コロナ禍でレナウンやブルックスブラザーズが倒産し、飲食業界の次に危ないのがアパレルであると指摘されたりしている（だからユニクロの柳井さんのインタビューなのだろう）が、服を着る側からすると、圧倒的に外に出なくなったことで「生活様式が変わった」。家では5、6年前に買っ（てしまっ）たユニクロやGAPのTシャツを着るが、アルマーニやグッチのTシャツは着ない。感覚的には「後回しにする」という感じだ。柳井さんが言った「生活様式が変われば、服の選び方も変わるんですよ」は、「人がいない、人と会わない社会」になって、「着る服の選び方」が決定的に「せこく」なったということなのか。

ファッションは、東京の表参道や大阪アメリカ村など「その街のファッション」みたいな地域性があり（ウェブではPinterestのフィードもまさにそう）、蛸ツボ的な「テイストの共同体」をつくりあげていく。固有のコミュニティである「場」があるからこそ、そこで「どんな服をどう着るか」といったモードの意味があり、その具体的な場所で「自分は誰だ」が問われる。

ある街場で「どんな服をどう着るか」は、「どこで何を食べるか」というのに似ている。わたしもコロナで街場に出なくなったうちの一人だが、家でワインやウイスキーを飲んだり、鯛やマグロの刺身を買って帰ったり、肉を焼いたりする「食」よりも、断然「衣」について無頓着になった。

それでふと思うのだが、巣ごもり中の「ユニクロや無印良品」ではなく、ある人の具体的な服や着こなしを見て、おもわず「うわぁ」と声が上がるような体感。グッチ、モンクレールのTシャツはどうなんだ。ハイヒールよりもスニーカーなのか。一見してそれとわかるデザインとブランド的象徴価値。ファッションの残酷なまでにエキサイティングで面白いところは「そこ」なんだろうけれど。

フランスではエルメスやパテックフィリップは、上位階層の人しか身につけない。労働者階級の人がロレックスの時計を手首に巻くのは身分詐称とされる。ニコラ・サルコジが大統領になって、自家用ジェットとクルーザーを見せびらかしたり、成金趣味丸出しのファッションで露出したりすることについて世の非難を受けていたところに、友人の広告王のジャック・セグエラは、「50歳でロレックスの一つも持っ

パテックフィリップ　高級腕時計の世界でずば抜けた人気と評価を有するスイスのメーカー。ローマ法王はじめ世界の王侯貴族や各界大スターたちが愛用していることでも知られる。1千万円を超えるモデルもざら。

てなければ人生の敗者」と発言して炎上した。サルコジはハンガリー移民の子でありグランゼコールを出ていない。

共働きの借家生活にもかかわらず、J・M・ウエストンのローファーを履いて市バスに乗り、時計はどんなときでも一個だけ所有のロレックスのエクスプローラーの日本人からすると、「そんなもん、放っといたれ」と思うのが当然だが、「品の良さはカネで買えない」といった感覚(それって文化資本か)と、ブランド記号が効いたり効かなかったりする、理不尽さこそがファッションだと思う。

日本ではとくにエルメスのケリーバッグのようなブランド物についての象徴価値は、本国のフランスのように機能しない。エルメスはお金さえ払えば誰でも持てる。上位階層を象徴する記号じゃないということだ。というかバッグに関しては、北新地のクラブやラウンジのママに割合が多い(東京じゃ銀座もそうと違うの?)。

日本人はとにかくブランドにうるさい。また、80年代の狂おしいカタログ誌面のファッション誌(田中康夫の『なんとなく、クリスタル』はミリオンセラーだった)から、インスタグラムやPinterestへと変わったが、ファッション情報の大量、過剰化はとどまるところを知らない。

そのうえであらかじめ「ある人にはある」と言っておくが、80年代以降の日本人

J・M・ウエストン フランスを代表する高級シューズ・メーカー。ローファー(180シグニチャー)が有名。直営店では必ず小さいと思われるサイズを薦められてその通りに購入するが、慣れるまで頭がしびれるほど痛いのも有名。10年経ってやっと……みたいな名靴。

ロレックスのエクスプローラー ロレックスの探検家仕様の時計だが、▽・3・6・9表記の黒い文字盤がシンプルかつユニークなことから人気。とくに70年代あたりのヴィンテージものはシンプルな数字デザインで文句なしにカッコいい。

のファッション好きには「蘊蓄」とか「こだわり」とかでは表現することができない、ものすごい細微な記号についての情報リテラシーがある。「モード記号の情報感度が高い」みたいなものは、「わたしはおしゃれです」や「この人イケてるやん」にもろに関わってくるのだが、ブランド（名）にしろアイテム（名）にしろ、記号が記号として機能するには、自分が身にまとっているそれらの服や所有しているアクセサリーの「それと分かる分かり方」が絶対条件だ。

ファッションやモードの世界で「それと分かる」というのは、「おぬしできる」「おぬし分かる」みたいな感じで、「万人に分かる」メルセデスベンツのスリーポインテッドスターやナイキのスウッシュ・マークとはちょっと違う。

たとえば「25年穿いて穿き古してタテ落ちまくりでサックス色になったドゥニームのジーパン」を「今これ！」と思って衣装ケースから出してきて穿く。というのと、「先端ハイ・ファッションの日本製ダメージ加工のドルチェ＆ガッバーナのジーンズ」をブティックで買う。ということについて、そのデザインやテイストやダメージ具合の違いや、どっちが現在進行形のモード的かなどなどをとやかく言ったりすることだ。

それが「記号的」であればあるほどブランド的象徴価値は的確に機能する。シャネラーとかユニクラーといった「ブランド嗜癖症」もそうだし、「夏のJ・M・ウエストンのローファーは、ルモックのシボ革」「今年はバレンシアガの黒キャップだ」といった、流行に関しての「物言い」は、ものすごい細かい記号についてであり、それを解読する情報リテラシーが要求される。

情報ベースの「モードの記号性感度」というのはなかなか複雑で、ある服を選んで着たりアクセサリーを選ぶことが「今イケてるモードである」と、「それと分かる」

シボ革　もみ革とも呼ばれる、シワや凸凹、粒々などの表面加工した革。靴やアクセサリーに用いられる。

超名門イスタンブール大学の真ん前のブティックで。トルコ製のカットソーは品質が良い。フィラとエンポリオ・アルマーニとナイキがモードらしい。同じ値段で売られていた。

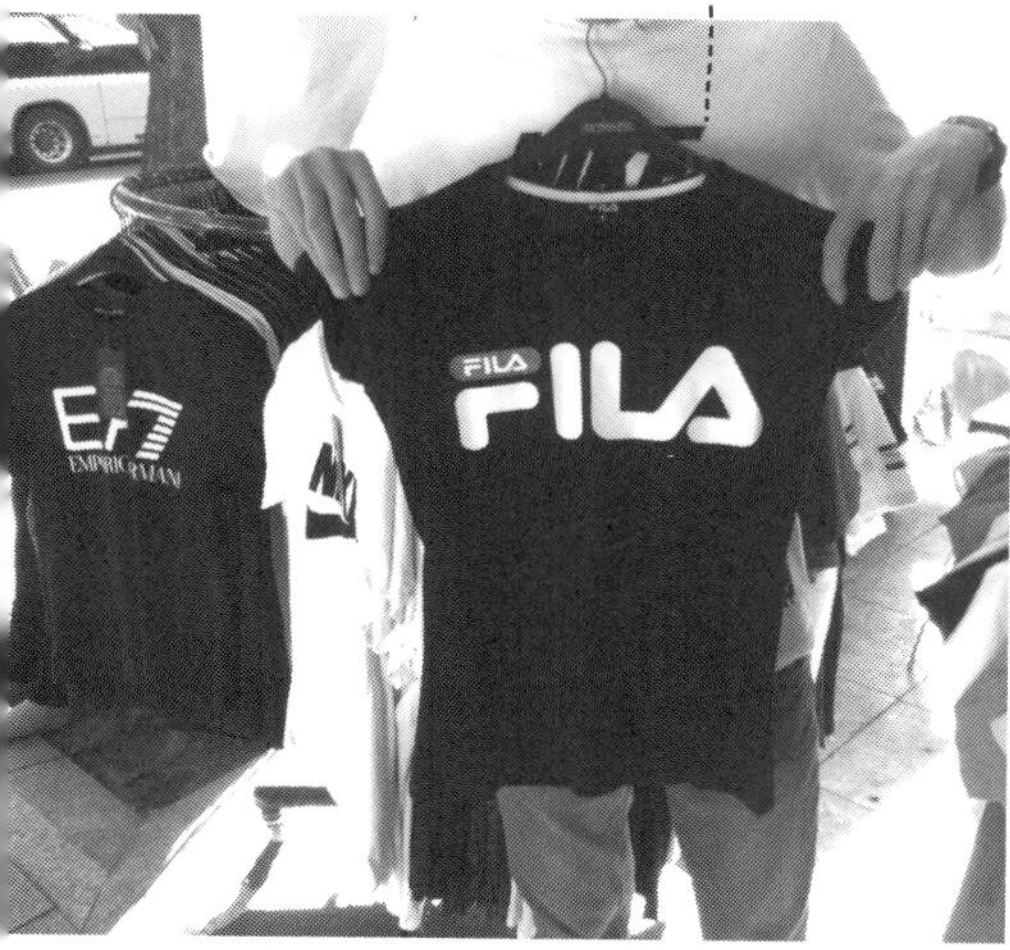

ためには、たとえば「デザイナーがマリア・グラツィア・キウリに変わったディオールの赤水玉バッグ」が「記号的に解読されている」という前提でないと機能しない。「それ、なんですか?」「知りません」では済ましてくれないのだ。つまり記号的に「うわ、早い」「おしゃれ」と分かってくれる人がいないと、「それがどうした」状態で「次のモード」も「先端的なデザイン」もへったくれもない。

ん? けれどもそれってちょっとおかしい。「ブランド的記号」が意味するものが、着る側/見る側の双方「それと分かってる」とするならば、もうキミがかぶっている「バレンシアガの黒いキャップ」にも、わたしが買ってきた「ドルチェ&ガッバーナのダメージ加工のジーンズ」にも本質的な先端性はない。「ブランド記号的消費」がほとんどを占めるモードが、「なんだか変だなあ」と思うのはそこのところで、新しい服やブランドは記号的に「それと知った時点」でもう「終わりはじめている」ということだ。

ん? これって脱構築というやつか。だから「何がトレンドなのか」に敏感であろうとしたり、たくさんのブランドの新作を知ろうとしたり、次に何が来そうだということを予想したりすることが、「ほんまはかっこ悪いことではないだろうか」という「もう一つ先の視点」が要る。

「そもそも流行とかトレンドにのっかるのがダサい」。こういうのもあかんのだろう。こういった「反モード」もすでにモードの一つのシーンに還元されている。そういう考えこそ、ぺらぺらで浅いのだ。そしてこの反モード的なものが、ステイホームの「衣」と親和性がある。そこが致命的におもろくないのだ。

コロナでステイホーム中にカジュアルに着るユニクロや無印良品のTシャツにはなくて、釜山やバンコクやイスタンブールのブティックで「本物よりも本物らしい」最新のTシャツを買ったりする感覚。本もんもパチもんもどっちもいったれ。そういう感覚こそが「カジュアル」というものの一つなんだろう。

ストリート・ファッションと革ジャン

革ジャンを書くことになって、自分も通ってきた70年代後半からのストリート・ファッションのことを回想している。ミリタリーものやライダーズの革ジャンはとくにアメリカ由来のものが多いが、同じアメリカのヒップホップやナイキのエア・ジョーダン的なものあたりの80年代は、20代後半から30代になった頃だった。どちらかというと、ラップやスパイク・リーよりもグラウンド・ビートでソウルⅡソウルだった。ロンドン経由のアシッド・ジャズやワールド・ミュージックに入りこんでいたので、ニューヨークの音についてはラテン音楽だった。ストリート・ファッションはダンスフロアの音楽と密接だ。

ファッション誌系の男性誌をめくっていると、スケボー絡みのスラッシャー系のストリート・ファッションをやっているページを発見したのだが、「違うなあ」というか、「そんな奴おれへんやろ」状態になった。スケボーが音的でないのはしょうがないとしても、ピントがずれていてトンガってない。なんかヌルいのである。

ラップ　1970年代の後半、ニューヨークのクラブシーンから登場した歌唱法。歌唱というよりメロディのない言葉のしゃべくり。ヒップホップの一形態。

スパイク・リー　ニューヨークがベースの映画監督。89年公開の『ドゥ・ザ・ライト・シング』は人種差別を正面からとらえた映画で、監督・製作・脚本・主演をつとめ、代表作となっている。

グラウンド・ビート　1980年代末にロンドンのクラブシーンから登場したビート。沈み込むような重低音の16ビートのリズムが特徴。

ソウルⅡソウル　ジャジー・Bを中心人物としてグラウンド・ビートでクラブシーンに登場した音楽グループ。89年にリリースした「キー自分は70年代から80年代初頭にかけて波乗りをやっていた。大阪南部の先輩・友人たちは、和歌山の磯ノ浦に波があると店を閉めてサーフィンをしに行く近所のサーフショップの店員や、出来たばっかりのアメリカ村の古着屋たちだった。

かれらは店が扱うサーフボードのロゴが入ったTシャツにリーバイス646にレインボーサンダル。テイスト的には湘南のサーファーとはだいぶん違っていて、かれらのダンガリーやネルシャツはかなり「きたない」ヒッピー的なテイストだったと思う。後の『MADE IN USAカタログ』や『ポパイ』誌が引っ張ったアメカジブームが来て、その違いがわかった。

「ロコ」と呼ばれていた昭和20年代生まれの先輩は、すでに腕にタトゥーを入れていて、ハワイで買ってきた中古のアロハがすごかった。かれはハワイで植木職人を経験して大阪に帰ってきて、伊勢や四国で波乗りをはじめた「伝説の男」だ。

わたしは17歳ぐらいの時からほとんど2～3年間は、憧れの先輩の「下積み」みたいな入り方で、年中真っ黒のサーファーばかりを「海で見ていた」のだが、かれらはそのまま電車に乗って大阪や阪神間の大学に行ったり、大阪・ミナミのアメリカ村に出かけてカフェバーなどで男ばかりでたむろったりもする。その「潮焼け長髪姿（ロン毛なんてコトバはない）」ははっきり言って街の真ん中では浮き気味で、一般

プ・オン・ムーヴィン」「バック・トゥ・ライフ」はロンドン発で世界の音楽シーンに大きな影響を与えた。

アシッド・ジャズ　80年代半ばにロンドンを中心としてクラブシーンに旋風を起こした音楽ジャンル。DJのジャイルス・ピーターソンや『ストレート・ノー・チェイサー』誌編集長のポール・ブラッドショーが中心人物。新しい解釈による選曲で「ジャズで踊る」ことがオシャレだった。

ワールド・ミュージック　ブラジルのサンバやキューバのサルサなど中南米のダンス・ミュージックを中心に、アフリカ、アラブ世界の音楽をクラブシーンのDJたちが回すようになったのはやはり80年代半ば、アシッド・ジャズの影響が大きい。

のファッション・ピープルからすると「あいつら目立ち過ぎやなあ」だった。

けれどもさすがに格好が板に付いているというか、しっかりサマになっている。しょっちゅう街場に出ているとその時々のモードが分かるように、海にしばしば行くとその時代の風のようなものを感じることが出来たのはやはりアメリカ西海岸由来の風俗だったのだろう。

サーフボードを載せてワーゲンに乗りさえすればオッケーだと思っていた「陸サーファー」とは、「ウエット焼け」「ストッパー焼け」がないのを見分ける以前に一発で見分けがついた。かれらは大学のサークルに入っていて、テニスをやったり冬にはスキーに行ったりする感じで、カタログ誌的にアディダスのカントリーを履いてUCLAとかのTシャツを着てそうだった。そうではない大阪のリアルなサーファーたちのそのさまは、まさにストリート・ファッションだったに違いない。

ストリート・ファッションは、ファッションやアパレル業界のデザイナーやMDが企画したモードではない。街場のストリートで自然発生的に始まって、あるリアルなスタイルが生み出され、固定化された一つのモードであり、基本的にはコーディネイトつまり「着方」であるから、ブランドや作者作品性は本来否定されるべきだ(ヴィヴィアン・ウエストウッドのファンよ、聞いてるか?)。

和歌山の磯ノ浦　大阪から最も近い和歌山市のサーフ・スポット。元々は海水浴場だが、低気圧により波が立ちやすいのでサーファーたちで賑わう。

ウエット焼け・ストッパー焼け　夏以外の季節にサーフィンをする際、ウエットスーツを着るのだが、その部分の日焼けしていない跡が残り、サーファーだとわかる焼け方、ストッパーはサーフボードが流されないように足に付けるリーシュコードのことで、ベルクロテープで足首に巻く。そこだけ日焼けしない部分で「よく波乗りしているな」とわかる。

またストリート・ファッションは、集団的でかつ地域性、風俗文化性が見られる。だからVOGUE的な広告媒体を通じて一気に全世界に広まったりはしない。

サーファーにしてもパンクにしても、70年代よく言われた「ライフスタイル」、つまり見かけのファッションだけにとどまらない力強さがある。それを着る人のカウンター・カルチャー的な社会的属性と価値観の上にあって着られるから、かれらはその頃しきりにファッション誌を賑わせていたDCブランドのハウスマヌカンとはスタンスが違ったし、ファッション誌面をつくるスタイリストやフォトグラファーとは完全に違う空気を吸っていた。

ナイキ？　ヒルフィガー？　シュプリーム？　そうじゃない。それらはアパレルであり、大ブランドやないか。ネタをストリートのキッズや野郎たちの着こなしから引っ張ってきて、その際にスナップ撮りまくりで、メーカーはそれを参考に服をデザインしたり、そのメーカーのサンプルをモデルに着させてファッション写真に仕立て上げてプレスが発表するというのが最もストリートから遠いんではないか。

今回は革ジャンについて書こうとして、そういうことを思いだしたのは軍モノ、ミリタリー系は、本来アパレル・ブランドでなく、ストリート・ファッションと親和性が高いからだ。

ジーパン（この言い方はデニムとかジーンズとかのとらえ方じゃない）もそうだが、軍モノやモーターサイクル由来の革ジャンは、一般のブティックやトレンドとかモードでセレクトしたビームスのような品揃え店より、「アメリカ衣料」「サープラス・ショップ」や「ジーンズ・ショップ」で扱われてきた。

わたしも例にもれず革ジャンを着た時期があった。最後に買ったのは80年代半ばで、「日本より安い」と友人に聞いたロサンゼルスのダウンタウンのやはり「ジーパン屋」で買ったG－1である。その時に教えてもらったのは、軍モノの革ジャンは複数のメーカーが納品するから、「Schott」とか「AVIREX」といったメーカー名は関係ない。「自分の目で本物の品を見分けること」が必要だということだ。

そのG－1は高価だったこともあってまさに「一張羅」だったが、頑丈で着回しが効くので、1995年の阪神淡路大震災の時に、家が全壊して着の身着のまま逃げてきた友人にあげた。

革の上着はスエードのブルゾン的なものを数着持っていたが、本物の軍モノを着出すとほかのものでは物足りなくなる。もっと言うと革のトレンチ・コートとかブルゾンとかは「そんな頼りないもの着てられるか」であり、軍モノの革ジャンとは

G－1 米海軍のフライトジャケット。襟がムートンのボアになっているのが特徴。革ジャンにしてはボテッとした無骨なデザインなのでなかなか着こなすのが難しい。

「ミリタリーとライダーズ、この 2 種類しか革ジャンはないと思ってる」と吉田幸司さん。50 代だが現役のサーファーでありバイク乗りである。

「違うジャンル」「違うアイテム」だというふうになってくる。

その感覚は一体何だろう、と思ったりするのだが、やはり「革ジャンは革ジャンでしかない」もので、「独自の理解と着こなし」（この言い方はちょっと切れ味がないな）が必要かと。

革ジャンもやはり、このところの服の共通ポイントである「素材」と「サイズ感」であるが、冬も海に入っている吉田幸司さんによると、「むしろ革ジャンを着たいがためにカラダの目安を持っていく」という言い方に「さすが」と思った。着込んできた服がどれだけフィットしているかの体型維持の重要性だが、現実にはなかなかハードなのだ。

「差し色」って何だ？

80年代後半以来の大阪の友人は、ジーンズがメインの品揃え店をやっている。この店が扱う80年代後半から一世を風靡したヴィンテージ系ジーンズはとても有名で、今なお若いファンが多い。その友人から「先日あった話」を聞く。

店に20代ぐらいの客がやってきた。初めての客だと思った。定番のリーバイス501XXタイプのジーパンほか数種を見たあとに、「スキニージーンズありますか」と聞いたとのこと。長い間ジーパンを扱ってきたその服好き人間は、「オレはいったい何のためにジーパンを見てきたんや、と思うわ」とぼやく。

前をボタンフライで閉めるオーソドックスなジーパンと、それをほんのちょっとだけ細くしたり股上を浅くしたものぐらいでずっとやってきたかれの店のジーパンは、基本的に長く穿いて「シュリンク・トゥ・フィット」（P79）とデニム生地を「タテ落ち」させるのが身上だ。それと「ジーンズはこのブランド」とわざわざやってきた若者が求めるのが、トレンドだから「今だけ」「大量に」の「スキニージーンズ」

だという落差に、かれは悔しくて相当がっかりした表情を見せる。

かれの話をまた違う同世代のセレクト・ショップのオーナーとしたのだが、「〝スキニージーンズ〟ありますか？　だと。なんじゃ、それ」と大いにおもしろがった。「90年代の〝ハイテクスニーカー〟(エア・マックスのこと)とか、〝厚底ブーツ〟に近いニュアンスがあるなあ」となかなか切り込んでくる。

けれども80年代からのジーパン屋と男性洋服店出身の二人が声を揃えて言うのは、「あんたらメディアの人間がそういうことを書くから、コピペするんです」とのことだ。

女の子が穿くようなピタピタのストレッチが入ったジーンズは確かに流行っているんだけど、普通のジーパンをずっと置いてるウチらの店では「ゲテモノでしょう」ということだ。「3年も経つと、そのスキニージーンズのことは、売ったほうも買ったほうもお互いない話でしょう」とつけ加える。「スキニージーンズ」みたいにファッションやあるスタイルを言葉にしてメディアで流通させるということは、「大いなる勘違いを生むんですよ」となかなかキッツいことを言う。

ちょっと待ってくれ。「モード的に流行ってるから、それを買って着る」というのは、ファッションの大いなる楽しみだ。「スキニージーンズ」のどこがアカンのか。「太ももまでキツ目のテーパードの細いジーンズ」は、人によって時代によってはアリだろう（60〜70年代のジャズ系のアイビーたちが穿いていたのを記憶している）。けれどもそれは「スキニージーンズ」みたいなワンワードでは指し示さなかった。ひとことで言ってインスタントすぎるのだ。

わたしはそれを聞きながら「差し色」という3文字の言葉を思いだした。「差し色はお洒落のテクニック」とか言われるアレだ。試しに「差し色」とググってもらえると、どういう人がなにを指して言っているのかよく分かるだろう。

もう20年以上前の話になるが、やっていた雑誌のファッションページの撮影でスーツをコーディネイトしていた。だいたいモード系やジーンズベースのカジュアルな服ばかりを紹介する雑誌だったので、スーツそれもネクタイを締めるスタイリングはレアだった。

その号はスーツ特集で、ということで、クライアントでもあったエヴィスヤ・テーラーやエディフィス、ポール・スミスをはじめ、スーツばかり10型ぐらいつくって撮影する。

モデルに服を着せて撮っていくのだが、のっぺりというかいつもとは違う。スーツというのは、上下同じ生地、同じ柄と色なので、「そういうもの」だろうが、なにか物足りないなあと思っていた。

スタイリストはそこで要らんことをする。紺のピンストライプのスーツにピンクのマフラーだ。レディスのパシュミナみたいな感じで、なんぼなんでも無地のピンクはないやろと思って、「ちょっとドギツ過ぎるんでは」と言ったら、「差し色なんですよ。じゃあ赤でいきましょうか？」と言った。わたしはその「差し色」という言い方を耳にしてぞっとした。このスタイリストとの仕事は今回限りにしようと思ったほどだ。

わたしのまわりに、人の格好を見ていつも「それどこの服？」とかを訊き、自分の服を「素材が良くて着心地がいいからスメドレーに限る」とかいうヤツがいて、一度紺のジャケットにピンクのチーフをしているのをまわりの女の子が茶化して「さすが、お洒落ですね」と言ったら、「差し色ね」と自信満々に言ったことを思い出したからだ。スタイリストのマフラーとそいつのチーフは同じピンクだった。そうではなかったかも知れないが同じ「差し色」だ。「それどこの服？」はただブランド名のことであり、「着心地が良い」は五つの子どもでもわかることだ。

何が言いたいかというと、ブランドに振り回されるのと同様に、「差し色」などといった「鉄則的言葉」を信用するなということだ。「お洒落は帽子から足元まで」とかいうのもあかん。ボルサリーノのハットにジョン・ロブの靴を履いているのは、

パシュミナ　ストールやショールに使われる高級素材。高地に生息するヒマラヤ山羊から取る細いカシミア繊維であり、肌触り良好で独特の光沢感がある。

ボルサリーノ　イタリアを代表する帽子メーカー。ジャン＝ポール・ベルモンドとアラン・ドロン主演の映画『ボルサリーノ』で中折れソフト帽が有名になった。

ジョン・ロブ　イギリスの高級革靴メーカーであるが、エルメスの靴をつくっていることからフランスのブランドだと思われがち。シンプルなデザインのローファー、ダブルモンク・ストラップはよく見かける。

よく行く洋服店 BROWN BROWN KOBE のこの日のディスプレイ。店主・藤岡氏との会話は「このペイズリーのネクタイも大概やなあ」「ネクタイ無かったら、服知らん人でしょう」。

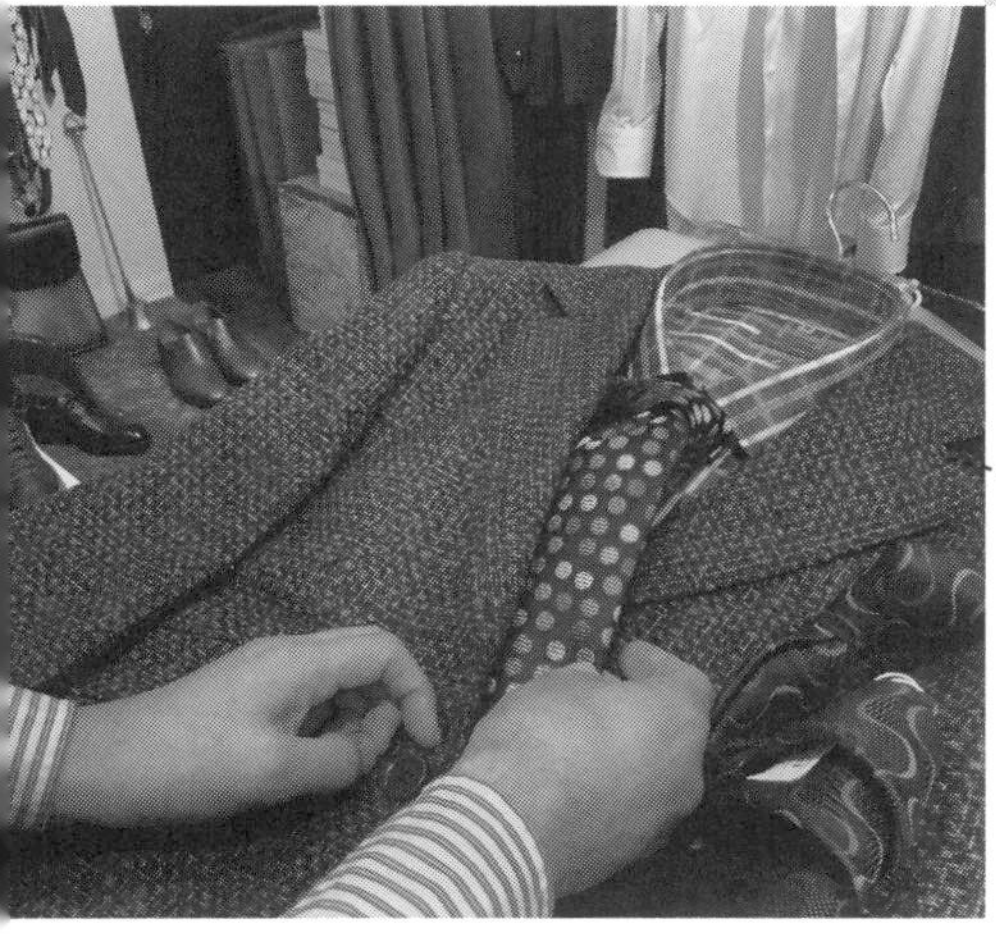

「なんちゃって」「ざまあみろ」と言いながら、ネクタイを合わせる藤岡氏。

自信満々にやってしまうからダメなのだ。そこには「なんちゃって」の洒落っ気がないからダサいのだ。

服屋のスタッフと、あーだこーだ言いながら、ジャケットにシャツやネクタイを置いて、「よっしゃ」と着替えてフィッティングルームの鏡を一緒に見る。「スーツはおもろないんやなあ」と言いながら、あまり自信がないけど「おもろそうや」とチェックのジャケットにチェックのシャツをやってみたら合った。「チェック・オン・チェック」などという定着した言葉を頭に浮かべてる限り、「こんなんありなんや」「ざまあみろ」の裏切り感はない。

ファッションを語る「言葉に乗っかるな」、ということを「今、言葉で書いているお前はどうなんだ」と訊かれると、「うわあ、面倒くさいこと言われたなあ」と思うが。それと似ていて、服を着ることは、確信がないけどあれこれやったうえの「ひとつの具体（50〜60年代の大阪〜芦屋の美術活動も参照）」でしかないと思う。

「スキーニージーンズ」でも「差し色」でもそうだが、それはかっこよさをまったく指し示さない。

「裸足で靴」と「俺は俺」、そのココロ

コロナ禍でいわゆるステイホームとかリモートワークをしていると、人に会わないから確かに着るものは無頓着になる。

これではあかんではないか、とこういうことで「家でもお洒落」をやってみたが続くわけがない。

大学の講義でZOOMを使っていわゆる遠隔授業をしている教員が言うには、クラスの女子大生の全員がカメラをオンにしないままだという。「出席はするけど、顔を出したくない」ということらしい。

「キミら態度悪いやないか。先生の手間がかかる遠隔授業やねんから、スッピンでも顔ぐらい見せんかい」

そう思ったのだが、学生たちはスッピン顔を見せたくないのだ。また自分だけ顔を出してほかの学生が顔を出さないとなると、これは気まずい。だから余計に自分の姿をさらさないとのことだ。

なんか横並びの自粛みたいでイヤな感じがする。普段どおりバッチリメイクできっちり服を着て、ＺＯＯＭでもがつんといったらんかい（本来そんな神戸の女子大学のはず）。
まだこの新型コロナウイルス禍になる数年前に、キャップを被ってサングラスをかけてマスクまでしてゼミに出てくる学生がいた。わたしはその子に「そんな舐めた格好して授業に来たらあかん」と注意したことがある。

というのは嘘で、バレンシアガの黒のキャップに、サングラスは黒太ぶちのちょっとだけ色が入ったレンズのでかいヤツで、ほら空港の出国ゲートのシーンでよくある若い芸能人のような帽子とサングラス、マスクをしているから余計目立ってる。「あこの子はスッピンの素顔を見せるのイヤなんや」とわかってやるよりも先に、そんなわざとらしさが安っぽく感じて、大変に腹が立った。そのゼミ生はひとこと注意すると口答えしそうな子だった。エエ年こいた先生が、20歳そこそこの学生に服のことでブチ切れるのはよくない。だから何も言わなかった。

家に帰ってヨメはんにそれを伝えると、「それはスッピン隠しやねえ。絶対見せたくないんや」とのことだ。そのココロは、化粧に縁のない男にはわからんかもしれない。そうか直裁的なハゲ隠しの帽子とはちょっと違うのだ。勉強になるなあ。

服は他人のために着る、のではない。

「俺は俺だから、自分の良いと思うものしか着ないし、いつでもどこでも、誰の前でも俺は俺で同じだから、そこんとこヨロシク」

というロケンローラー（ちょっと古いか）は、そういう仕事だからそうであって、それは確かに「人のためにこんなカッコしてんじゃないよ」ということでありそうだが、彼が誰だか知らない人から見たらあまり格好いいものではない。万一それがスター気取りからの「俺は俺」だったりしたら、ただの田舎もんだ。

リモートワークをしていて「そのようなことを思った」とフェイスブックでちらっとつぶやいたら、ファッションページ担当時代のアパレル・セレクトショップ関係の友人から、「リモートワークの時は、家着・部屋着は着ないで誰と会ってもPC越しでも、らしくしてます……うわべだけ（笑）決してボトムはいてない訳やないですがw」加えて「服好きは基本、家でも自然に『らしい服』を手に取るし頭では考えてない……はず」といったコメントをいただいた。

そこで、はたと考えてみる。アフターコロナ、ウイズコロナのステイホームのなかの「衣」についてだ。

「食」はどうか。これは会社に出ている日のランチはもちろん、仕事帰りの夜も外

ロケンローラー　ロックンロールを演奏したりそれで踊ったりする人。日本では内田裕也氏や鮎川誠氏が思い浮かぶが、２人はずば抜けてカッコいいので、街場の「サングラスに革ジャンを着た人」との落差は大きい。

食が多かった人は、やはり無頓着になるのはしょうがない。けれども毎日、コンビニの弁当やカップラーメン、白メシだけ炊いてカレーのレトルト、というわけではないだろう。

それはいわば「物理的な身体性」つまり「命の問題」にかかわるからなのだが、「衣」つまり服の場合は、「楽だ」とか「気持ちいい」、「暖かい」といった部分だけが突出している。だれもが家着は、「捨てるのもったいないからそれを着てる」というのがある（ダサい根源のひとつはそこだ）にせよ、「良い素材のもの」「着心地良いデザインの服」を着たいのだ。

ついでに「住」も関連づけて言うと、暑くなってきたから「エアコンを入れて」「快適に過ごせるウエア」を、ということになるのだが、オレの場合はエアコンのスイッチをまだ入れない夏の午前中は無頓着どころか、でか（い）パン（ツ）一丁で上半身は裸である。

ヨメはんは呆れているが、なあにそれは「慣れ」というものだ。

かように、ステイホームでの服は「俺は俺だから」以上に「俺」であってもオッケーなことを露呈している。かといって、わたしがＺＯＯＭなどで顔を出さないといけない、という場合は会議であってもオンライン飲み会であっても、それにふさわしい格好をする。もちろん「上だけジャケットで、下半身は映らないからパンツ一丁や」みたいなヒネくれたことはしない。

自分が着ている服に関して、親や先輩やまわりから「ちょっと自分の格好を気にしろよ」と言われて、まず「自分の格好を気にする人」がいる。そのまま自分の着ているもの「だけ」を気にして、即座に鏡に映してみる。「どこか破れてるのかなあ」「どこがヘンなのか」という、ストレートに「自分の格好を気にする人」だ。

それと対照的に、「ちょっと自分の格好を気にしろよ」と言われると、まず「他人の格好を気にする人」がいる。自分の格好が他人のなかでどう見えるのかが気になってまわりを見渡す。「自分の格好を気にする」が、「まわりを気にする」に繋がる人だ。

「自分の格好を気にする」で「自分の格好だけ」しか気にしなかったら、「自分は自分を囲む社会の中にいる」ということを気にしないということであるから、これは大人としてちょっと問題ありだと思う。

この「自分を気にする」と「まわりを気にする」の2パターンのあわいの部分、それがセンスであり個性であるというものだろうが、なかなか難しい。

コロナ禍のステイホームで、こんなファッションのことをでかパン一丁で書いていると、「服を着ることと人とのかかわり方」みたいな「でかいテーマ」を考えたりすることができる。ステイホームの「でかパン効果」なるものだろう。

話が同様にぶっ飛ぶが、わたしが子どもの頃からお年寄りまで同じ半纏を着て、だんじり曳行に参加する岸和田祭を長くやってきてわかったことは、「ドレスコードは素直に従うべきだ」という諒解の上でのかっこよさだ。

昔からの約束事は約束事であって、「俺は俺」のロケンローラーがその格好で祭に参加することはNGだ。鋲打ちの革ジャンのダメージだらけのジーンズで参加できたとしても、むっちゃくちゃ浮いてしまって、本人は「俺は俺」なのでそれに気づかないから、まわりからすると祭をやったことにならない。

生き方の一つとして服を着ることの「俺は俺」の利己的で自分勝手な人間特性は、浅草や岸和田や博多といった旧い都会つまり下町では顕著に見られる。だからこそ普段は頭の中も外見の格好もてんでバラバラなおっさんばかりが成員の町は、みんなが寄ってたかって一つのことにたずさわって参加できる「年に一度の祭礼」をでっちあげるのだろう。

祭の最中で見かける格好いい「だんじり野郎」は、20代からジジイまで大勢が同じ法被を着ている祭の中にあって、抜群の個性を発揮しているかっこよさがある。

それは「見る人が見ればわかる」。そういうものだ。

「見る人が見ればわかる」ようなかっこよさは「自分のために」と「まわりのために」が「溶け合っている」状態、つまり自分の目と他者の目が「他我」的に相互嵌入している状態だ。

そういう人ばかりの街場は、例えば年に一度の祭にしても、夜ごと夜ごとの遊びにしても、自分のためにしているお洒落が、他人のためのモラルになっているところに個性があるから、街全体がよそのどこの街にもない個性があってかっこいいのだと思う。

余談が長くなってしまったが、今回は靴を裸足で履くことについてだ。

わたしは夏の暑い間、裸足で靴を履く。その靴はスニーカーとローファーだけだが、クライアントがらみの仕事やあらたまった取材以外は、ポロシャツを着ていくのと同様に裸足で靴を履いて出かける。

ヨメはんは「また石田純一して出ていくん」などと言う。わたしは「アホか、全然違うわい」と思っているが、それを言うと邪魔くさくなるので言わない。

今回、これを書いていて調べたのだが、石田純一さんは「素足に靴、のきっかけ

他我　現象学のフッサールが大著『デカルト的省察』のなかでしきりに「他我」について書いている。わたしは何かを経験しているときに、他我が他者の経験であるのにわたしと同様の資格で、別の主観として同じ世界を経験していることを疑うことが出来ない。難しいなあ（書いていて）。

は、1985（昭和60）年だったかな、イタリア・ミラノで見かけたサラリーマンです。地下鉄だったと思うのですが、出てきて階段を上がってきたサラリーマンの格好がね、デニムにジャケット、それに素足にローファーだった。わっ、かっこいいって思って。それからそのスタイルを続けています」と語っている。

そうだったんですか。というより、なんやそれ、である。わたしなんかはもっと前から裸足でローファーを履いている（けれどもスーツの時は絶対しない）。

しっかり覚えているのだが、裸足で革靴を見て「かっこいい」と思ったのは、『TAKE IVY』。そう60年代初頭の東海岸のアイビーリーガーたちのスタイル写真で、ホワイトジーンズに靴はバスかなにかのローファーだった。バミューダー（その頃ショートパンツなんて言わなかった）にローファーというのもあったなあ。

サーファーだった大学生までは、レインボーサンダルやアディダスのカントリーとかを履いていて、ローファー含め革靴なんか冠婚葬祭以外はほとんど履かなかった。けれども就職してからはいくら編集者とはいえコンバースのズックではあまりにまわりに失礼だから、「サーファー以前の靴に還る」みたいにローファーやデザートブーツを買い直した。

アロハシャツの章でもふれたが、服はその人のパーソナルヒストリーそのものである。

バス G.H.BASS。ローファーの元祖と称されるアメリカのシューズメーカー。日本にはそのバスの「Weejuns」がいち早くアイビー・ルックの重要アイテムとして紹介された。

バミューダー 膝上丈のショートパンツ。大西洋バミューダ諸島の正装パンツといわれているが、これもアイビーリーガーたちが夏に穿いたことで日本に紹介された。マドラスチェックを使ったものがポピュラー。

グローブレザーのローファーは
夏、浜、のイメージ満点だと思う。

ローファーが多いがこれだけは例
外。パラブーツのチロリアンシュー
ズ。紐は何回も切れた末に、登
山靴用のものを使っている。

「ローファーを素足で」の旧いアイビーの記憶は、夏に「ソックスは暑いから」ペニーローファーやビットモカシンのスリッポンを素足で履くことに繋がったが、その頃はちょうどＤＣブランドから肩パッドてんこ盛りのサタデーナイトフィーバーの時代で、夏に限っても「素足にローファー」は、ちょっと「俺は俺」的に奇異に見られた。

けれどもそうだ、同じ革靴でもデッキシューズ系のものは素足で履く人がわりといたな。これは「海的」だからオッケーだったのだろう。

ところが、石田さんが「裸足で登場」して、皆を「あっ」（「なんやそれ？」もあった）と言わせたあたりから、「ちょいワルおやじ」系雑誌の「ミラノ現地スナップ紹介」みたいなページで、てんこもりで「裸足で革靴」のシロウトが登場してきた。

わたしは岸和田だんじり祭や大阪ミナミや神戸三宮で、「全ワルおやじ」に囲まれて過ごしているから、「ちょいワル」みたいなもんは「モテるスーツ」とか「女子受けアイテムの時計」とかの、いわば「服に対してのシロウト好みのヘタレ主題が目的化している」そいつらの格好をバカにしている。

まあ、わたしがここで再びブチ切れても女子大生の「バレンシアガのキャップ」の際と同じなのでやめておくが、いくら「細身丈短ジーンズ」がトレンドだとはいっても、日焼けしてない白い足にローファーや、スーツで紐つき革靴をわざわざ素足で履くのは格好いいと思わない。ミラネーゼかなんか知らんけど、感覚的にはナポリやソレントやポジターノ、シシリーのタオルミーナとかパレルモ、カターニャの浜や港のにおいがする「裸足で革靴」のほうに一票だ。

これも要らんことかも知れないけど、かかとを引っかけて履く足首より短いソックスは、靴から下着のパンツがはみ出ているようで恥ずかしい。

今回は長くなったが、「俺は俺」でミラノのヤツでも石田純一さんでもない、祭になれば町内揃えの法被を羽織るおっさんだ。

「そこんとこヨロシクね」ではなく「どうだ参ったか」といったところである。

ナポリやソレントやポジターノ　イタリア南部、ちょうどブーツの足首のあたりに位置するアマルフィ海岸近くの美しい町。青い海と空、日焼けした肌に合う服。

ファストファッションは教えてくれる

「リゾルト」の林芳亭さんの著作『日本のジーパン』（光文社新書）がコロナ禍の2021年9月に出た。この新書は林さんの「語り」を元に、わたしがブックライティングした。大学卒業後、ジーパンづくりの世界に入って40数年の林さんは、日本のジーパン界（著作タイトルもそうだが「ジーンズ」とか「デニム」とか林氏は言わない）を代表するクリエーターである。

1990〜2000年代にヴィンテージ・ジーンズのブームがやってくるが、林芳亭氏が88年に日本屈指のアパレルである神戸のワールドで立ち上げた「ドゥニーム」と大阪の山根英彦氏による「エヴィス・ジーンズ」は世界を席巻し、メイド・イン・ジャパンのデニムとダメージ加工技術はその後、ルイ・ヴィトンやディオール、ラルフローレンなどのハイファッション・ブランドを呑み込んでいく。

林さんが現在つくっている「リゾルト」は、60年代後半〜70年代前半の通称「リーバイス501　66（ロクロク）」（P107）モデルを理想としている。

『日本のジーパン』（光文社新書）

「リゾルト」はたったジーパン4型のみの製造で直営店をもたない。代表モデルの710はウエスト26インチから40インチで12サイズ。1サイズごとに28インチから36インチで8レングスが用意される。裾上げで本来のシルエットが崩れないように、とのことだが、パターン違いの細かい製造が必要で、販売の現場は各サイズの在庫を揃えなくてはならない。「面倒くさい」し「コスパが悪い」のである。

林さんは自らつくるジーパンを「道具」だと言う。ジーパンは「シュリンク・トゥ・フィット（Shrink-to-Fit）」つまり「体に馴染むこと」が特徴だ。洗っては縮み、穿いては伸び、また洗うを繰り返すと、だんだん自分の膝の位置や脚や尻の体型に合うように「育ってくる」。それと同時に、ジーパン本来の大きな魅力である、「セルビッジによるミミのアタリ」「太股あたりのシワによるヒゲ」「全体のタテ落ち」「裾のパッカリング」……といった絶妙なダメージ状態が表出する。

このあたりがジーパンの神髄つまり、「作業着としてのリーバイス501の誕生と、戦後の主要ファッションアイテムへの変貌」である。その「カッコ良さ」については「着て洗うを繰り返すことによって受けたダメージで生まれた偶然のモード感覚」というものだろうか。

この新書『日本のジーパン』では、林さんが20代に過ごした、かつての大阪アメリカ村のジーパン屋の話もたっぷり聞き書きしたが、サーファーのブームで70年代後半頃リーバイスのベルボトム646とかが流行っていたとき、当の501の66モデルは、「ただの中古」と同様の値段で売られていた。

その後、80年代の終わり頃から「渋カジ」がブームになって、ヴィンテージ・ジーンズがもてはやされるようになった。リーバイス501XXが見直され、50〜60年代のデッドストックには何十万円もの値段が付いた。

ポール・ウェラーがロールアップしたリジッドを穿いてザ・スタイル・カウンシ

ザ・スタイル・カウンシル
「カフェ・ブリュ」
(1984年)

ル名義の「カフェ・ブリュ」のジャケットに登場し、同じ頃マドンナが穿きこなしたあちらこちらが擦り切れて、ヒザが見えたジーンズは、まったく違ったデニム・ファッションのモードをセレブ界に招き入れた。

ファッションの世界的にはそういう時間経過があるが、リーバイスに代表されるジーンズは大量生産されるアメリカナイズな工業製品である。米国ブランドのGAPから日本のユニクロへ移ったファストファッションは、同じジーンズやデニム製品を基本的なアイテムにしているが、いろんな側面でちょっと感覚が違っている。大量生産というところは同じであるが、何が違うのだろうか。そこのところを書いてみたい。

まずは「ファッション・アイテムの適正価格の発見」やないか、と思って書き始めるものの、「なんか新しい記事、文章はないんか」と検索していたら『ファッションで社会学する』（有斐閣）という2017年に出版された本が図書館にあったので、早速貸し出しをお願いする。

「CHAPTER9　ファストファッション――ファッションの『自由』がもたらす功罪」。「1『ファストファッション』って何だろう」という見出しで、いきなりこうだ。

そこでひとまず、「ファストファッション」とは何かを定義しておきましょう。「ファストファッション」とは、①低価格で②おしゃれなアイテムを提供するブランドや企業を指します。そして、③多くの場合SPA（製造小売業）という形式を採用しています。代表的なものとして、日本のブランドではユニクロやGUなど、海外のものだとZARAやGAP、H&Mなどがあります。みなさんが知っているものも多いと思います。

「なんじゃこれは？」だ。続いてこんな文章。

安い服は昔からありましたが、その多くはおしゃれな服とはいいがたく、ただの衣料品でしかありませんでした。ファッションアイテムとみなされていたものは「ブランド品」や「メーカー品」と呼ばれ、ある程度の金額を支払ってはじめて手に入れることのできるものだったのです。「安い」にもかかわらずファッションアイテムとして着ることができるおしゃれな洋服であるという点がファストファッションの新しさといえるでしょう。

ぽっか~ん。口あんぐり、である。この「社会学する」は、ほんまに大丈夫か？「ある程度の金額を支払ってはじめて手に入れ」ても、ダサいものはダサい。それにファッションを語る際にはそれにふさわしい文体というものがあるだろう。言葉と語り口が似合ってないのだ。自由を語るな不自由な顔で（「知識」＠吉田拓郎）。

「ファッションを専門的に研究しよう」という学生には、この文章を読ませたくはない。学生は確かに外国語はおろか文学や世界史の知識レベルも中学生並みかもしれないけれど、かれらのファッション感覚について、舐めているんじゃないか。図書館で借りてきて読んだわたしも「読者をバカにしている」と思った。

京都や神戸に数ある芸術系大学や、うちの大学もそうだが、服飾やファッション学科がある大学は、結構イケてる学生が集まる。「数学からっきしだめだから、経済とかは京大生に任せとく」みたいな感じで入学してくる学生も多いが、ファッション誌の編集者なら「キミ今度編集部に遊びにおいでよ」とスカウトしたくなる、とっぽい学生も見かける。

そういう学生にとって、「低価格でおしゃれ」とか「ブランド品」や「メーカー品」といったタームで（ファスト）ファッションやモードのことを語る大学の授業を聞くのは、

「カッコ良いとは何か」を考え、「おしゃれを探求してみたい」という気持ちを挫いてしまうだろう。そこのところをこの書き手は完全に裏切ってしまっている。いや、そもそもの「カッコ良さ」という魔力とは手を切っている。

「安い服」にしても「おしゃれな洋服」にしても、それはど真ん中の言い方かもしれないが一義的に決められない。そこにファッションの世界の「おもしろさやえげつなさ」があって、エキサイティングなのだ。

まず第一に、ファッションには適正価格なんてない（これをユニクロが転覆させるのであるが）。「プラダのバッグはナイロン素材。そんなバッグに28万円はおかしいのとちゃうか?」「シャネルのピアス、プラスティック製で15万円。24金ならともかく、単純なマークだけなのに何で?」

量販店に並ぶ家電とか食品など、ほかの世界と違うこういうところがファッションなのである。クルマのスペックすらない。「コストパフォーマンス」とかの観点や、数字でデータ化されるのを拒むところにモードの楽しさがある。

ユニクロについては、20数年ほど前。ファッションページを担当していた頃、サンプルがしばしば編集部に届いていた。まるでコスメライター宛てに「この乳液、お試しください」という感じであれやこれやが送られてきた。そのなかにカシミアのセーターがあって、これが3800円だったと記憶する。

良い素材でV襟の大きさ形状も非の打ち所がない。ライル&スコットのカシミアのVネックと似ているが、こちらは軽く10倍ぐらいするはずだ。プレス担当者は「ロットがものすごいから安く出来るんです」と言っていた。首の後ろのタグは「UNIQLO」ではなく「CASHMERE」とだけ書いたものだった。

着ると「あの手触り」がしてさすがに温かい。「良い素材である」ということは小学1年生でも着たらわかる。けれども子どもはデザインのことやジーンズの色落ちの茶道具のようなシブさのことは分からない。だからブランドについて、どこそこ産のウールだとか素材のことをとやかく言う記事や評論はつまらない。明石鯛とか魚沼産のコシヒカリとかのグルメ記事じゃない。

そのシーズンの冬のとある寒い日、家に帰る際、南海なんば駅改札横のユニクロで紺のVネックと黒のクルーネックの2枚を買った。あまりに気持ちが良いので家でも寝るときにもずっと着るようになってさらに2枚買った。洗濯は「洗って縮んだら、安いし買い直せば良いか」と思ってネットに入れてソフランで洗ったら意外とオッケーだったので、それ以来は家でがんがん洗っていた。

数年経って、買い直そうかと思わなくなったのか、ユニクロがそのセーターを作

ライル&スコット　鷲のワンポイントマークがゴールド。イギリスの英国王室御用達ゴルフウエア・ブランドで、なんと1874年創業。紺のVセーターは90年代頃の神戸の甲南女子大や松蔭女子学院大の学生たちがよく着ていたのを記憶する。

らなくなったのかどうか、気がつけばもう1枚もない（小さく切って靴磨きの仕上げの布に使っているのがある）。

使用価値。

代表選手となるのが、服のパーツだ。コートのボタンやズボンのジッパー。しっかり止まって外れなくて丈夫なのが一番（なのでスナップボタンやジッパーは日本製が良い）。だから逆にグッチやアルマーニなど高価なイタリアンブランドのそれは、わざわざシャツのボタンにまでブランド名を刻印して象徴価値に近づけようとする。

雨が降ってきたので駅のコンビニで傘を買う、庭仕事をするためにホームセンターで軍手を買い物カゴに入れるように、寒くなったので南海電車のなんば駅の改札横のユニクロでカーディガンを買おうと入るとカシミアのVネックとクルーネックがあった。

ただそれだけのことである。それだけのことであるが、鏡に映っているユニクロを着た自分は、それがほんまにカッコいいかどうか、そちらのほうに重心を傾けているはずなのだがどうなんだろう。

「まとめ」としての「カッコいい」の構造

10年ぶりぐらいか、久しぶりにアウトレットに行った。

神戸市の西海岸・垂水にある大型のアウトレットは、「マリンピア神戸」という名前がついているとおり、ウォーターフロントの絶好の場所にある。ヨットハーバーに隣接していて、巨大な明石海峡大橋も見える。プロムナードを歩けば観光リゾートのような空気感がする。

オミクロン株の感染拡大の中、おまけに平日の午前中とあって、アウトレットのショップはガラガラで、客がそこそこいるのはアディダスとユナイテッドアローズぐらいだ。目当てはフランス製鋳物鍋のストウブだったのだが、欲しいものはなかった。なので、とりあえずラコステやディーゼルをはじめ、ひととおりをぼんやり見ていた。

アウトレットという「年中セールをやっている」巨大ショッピングモールは、徹底的に経済合理性を追求した商業施設だ。バナナ・リパブリックでは「ファクトリーストア」という呼び方をしているように「工場直売」なのであり、流通コストほかを抑えた割安商品が並ぶ。

と書くと、経済部の記者みたいでまったくファッション的に面白みがない。アウトレットのブランド店では、客は店内に入ると、置いてあるカゴや大きなバッグを手にして、気に入ったアイテムを入れてそれをレジに持っていって精算する。そういう買い方のシステムだ。もう20年以上前のことだが、大阪ミナミにGAPが出来て「なんか服屋じゃなくてスーパーマーケットみたいやなあ」と思ったのが、新しいこのシステムだ。どばっーと陳列台に山積みされたりハンガーにぎっしり吊られた、ロゴ入りのTシャツやトレーナー、ジーンズなどの中から、自分のサイズをつまみ出して大きなバッグに入れる。

目に入るのはでっかいロゴやイラストのデザインと、「セール」「50％オフ」などといった大きなサイン。加えてアイテムのプライス・タグは真っ先に見る。プロパー価格を訂正してあってセール品だとわかると、得した気分になって思わず買ってしまったりする。

こういう売り場では試着は邪魔くさいから、ボトムスはあんまり買わない。というか、カジュアルなチノパンやスウェットばかりなので、S・M・Lといった「だいたいのサイズ」でいいのか。ソックスや下着のトランクスも結構買ったなあ、などと記憶する。

店員と顔を合わすのはレジのバーコードを読み取るときだけだ。値段は即座にディスプレイされ、「じゃんけんぽん」のように貨幣と商品とが無時間モデル的にさっと交換されるシステムだ。そこではカード払いが多い。

ファストフード店やホームセンターと同様で、接客する店員は数少ない。これらのショップビジネスでは、客とのコミュニケーションのやりとりは余計なコストなのか、と思える節もある。このあと続々と出てくるユニクロはじめのファストファッション、無印良品もこんな店舗だった。

この日のアウトレットがそうだが、こういう買い物のシステムでは、単一ブランドのブティックはもちろん、ビームスなどの品揃え店でも、服をどう着るのかを学んだり、着こなしということについて知ったりすることはできない。

コムデギャルソンを着ても、エルメスを持っても、ダサい人はダサいのは、「それだけ」つまり「買った商品を身につけているだけ」だからだ。ファッションあるいはモードの世界は「商品と貨幣の等価交換の原理」ではない。

と書いていて、ホリエモンのことを思い出した。

ライブドアがニッポン放送とフジテレビの買収に名乗りを上げたとき、ホリエモンは「カネで買えないものはない」と言った。これは朝日新聞が付けたタイトルだそうで、その言葉をいろんなメディアやSNSが言及したが、俺はとことん新自由主義スタンスである、という表明よりも、「こいつはふざけて、わざと言ってるのか」と思った。

けれどもその後、NHKの番組でアドルフ・ヒトラーを描いた黒Tシャツを着ていたり、刑務所に収監される際に「GO TO JAIL」Tシャツを着用しているのを発見して、ひょっとしてそのまんまかも知れないと思った。

当たり前のことだが、かっこよさは「おカネでつくったり買えたりする」ものではない。

資本制市場経済の根幹である「交換の原理」そのものを推し進めて突っ走り中の「消費社会」は、「欲しいものはいつでもどこでも買える」というコンビニ的、Amazon的なことを実現してきた。

その裏面は「必要なものは貨幣で買うしかしょうがない」という、おカネを持たない弱者にとっては厳しい現実を突きつけているのだが、服を着る際に「カッコいいは必要なのか」ということについては、ほぼ「対価に見合ったコストパフォーマンス」みたいな感じで「消費者的」に投げ出してしまっている。このことが、「好きなブランドはユニクロ」につながっているのだと思う。

「子供の頃から消費者」であることに照準されてきた90年代のバブル崩壊以降生まれの若者(弱者の一人である)のファッションについての諦観を見ていると、つくづく「日本は貧乏になった」と思う。

『絶望の国の幸福な若者たち』(古市憲寿、講談社)にある、「たとえば、ユニクロとZARAでベーシックなアイテムを揃え、H&Mで流行を押さえた服を着て、マクドナルドでランチとコーヒー、友達とくだらない話を三時間、家ではYouTubeを見ながらSkypeで友達とおしゃべり。家具はニトリとIKEA。夜は友達の家に集まって鍋。お金をあまりかけなくても、そこそこ楽しい日常を送ることができる」は、すでに10年以上前の日本であるが、かれらはいつも「賢い消費者」であろうとしてきた。

しかし賢い消費者は「人より損をさせられているのかもしれない」といつもビクビクしているから、自分がおカネで買ったものに対してなかなか満足しにくい。とくに「食べる、飲む」について顕著なのだが、星や食べログ的評価など事前に情報を身につけていないと店に入れない。だからどこでも同じメニュー、同じ値段で、加えて「スマイル0円」とメニューに書いてあるマクドナルドを「リーズナブルだ」と思う。支払うおカネの額と価値満足感が釣り合うことのコストパフォーマンスばかり気にしているから、「いま、ここ」で「1万円」出したのに、「これってそれ相応のものじゃないよ」と、ぶつくさ文句を言う。

そういったメンタリティを持つ「全身これ消費者」は、「カッコいい」や「おしゃれ」を目指そうとするファッションの世界においては無効である。彼らはいつも「無い物ねだり」になってしまう。つまり、「カッコいい」は商品社会の「交換の原理」で得られるものではなくプラスアルファのもの。ある種「贈与的」なものだという見方と覚悟が必要なのだ。

カッコいいはあくまでも「おまけ」みたいなものである。

商品としておカネで買おうとしている服に、その「贈与分を見つける」こと。それがすなわち「おしゃれに服を着る」ということなのかもしれない。

ファッション的な「交換と贈与」については、中沢新一さんが『愛と経済のロゴス　カイエ・ソバージュⅢ』（講談社選書メチエ）でうまく書いているので引用する。

交換の原理

中沢新一　文化人類学者で宗教史学者。アカデミックに裏打ちされているが、芸術的な視点とずば抜けた時代感覚で世界を縦横無尽に語る。とてもオシャレで、ケンゾーの服をうまく着こなしているのを目撃したことがある。

（1）商品はモノである。つまり、そこにはそれをつくった人や前に所有していた人の人格や感情などは、含まれていないのが原則である。

（2）ほぼ同じ価値をもつとみなされるモノ同士が、交換される。商品の売り手は、自分が相手に手渡したモノの価値を承知していて、それを買った人から相当な価値がこちらに戻ってくることを、当然のこととしている。

（3）モノの価値は確定的であろうとつとめている。その価値は計算可能なものに設定されているのでなければならない。

贈与の三つの特徴

（1）贈り物はモノではない。モノを媒介にして、人と人との間を人格的ななにかが移動しているようである。

（2）相互信頼の気持ちを表現するかのように、お返しは適当な間隔をおいておこなわれなければならない。

（3）モノを媒介にして、不確定で決定不能な価値が動いている。そこに交換価値の思考が入り込んでくるのを、デリケートに排除することによって、贈与ははじめて可能になる。価値をつけられないもの（神仏からいただいたもの、めったに行けない外国のおみやげなどは最高である）、あまりに独特すぎて他と比較できないもの（自分の母親が身につけていた指輪を、恋人に贈る場合）などが、贈り物としては最高のジャンルに属する。

中沢氏は「交換」について「この贈与という基礎の上に立って（中略）その発生は、贈与のあとから、贈与を土台としておこなわれます」と付け足すが、デリケートで複雑な「贈与の原理」から、簡単で合理的な「等価交換の原理」にもとづく社会――全て「コストパフォーマンス」と「損得」で割り切る経済合理性、世界共通の経済活動を目指すグローバルスタンダード――へと変容したものだと理解する。

「カッコいい」「おしゃれ」といった「不確定性を抱え込んで進行していたもの」に、貨幣によって「計算したり比較したりするのがスムーズに、しかも確定的におこなわれるようにな」る交換のシステムによるファストファッションが割り込んできたのだ。

それを前回、ファストファッションがもたらしたことは、「ファッション・アイテムの適正価格の発見」と書いた。

「贈与的」であるというのは「たまたまもらったもの」であり、「モノを媒介にして、人と人との間を人格的ななにかが移動しているようである」「モノを媒介にして、不確定で決定不能な価値」の「モノ」を服に当てはめて読み替えると、山本耀司さんが言った「おしゃれの原理は、人の目を楽しませること。自分のためではない。他者を気遣うこと」とは、そのプレゼント性のところで共通している。

ここでの「不確定で決定不能な価値」つまり「おしゃれ」は原理的に、「等価交換」の見方をしている限り、「カッコいい」からは遠い。

衣服の「商品的交換」についてはこういうことがある。

70年代頃のリーバイス501の66モデルと同じように、「オールド・イングランド」とか「R・ニューボールド」といった、かつてのブランドやメーカーのアイテムが「お気に入り」になっている、ということがよくある。だからメルカリで「おっ、見つけた」と買うことがある。

数年前のこと、「2~3回着用のみ。20年以上クローゼットにしまってました」というオールド・イングランドの襟が大きいボタンダウンのシャツを買った。メイドイン・イタリーの真正オールドバージョンである。

届いたシャツを見ると、首のうしろのブランドタグにマジックで「2丁メ、○×」と苗字が小さく書いてあった。これは自分にも同様の経験があるぞ。行きつけの親しいクリーニング屋さんが書いたのだろう。「佐藤」とか「徹也」とかの名前の刺繍が入れられた古着の上着みたいに、これはちょっと着る気がしない。セコい考えのわたしはベンジンで消そうとしたが、消えなくてあえなくそのシャツを捨てた。

ここで先の中沢さんの「交換の原理（1）」を見てほしい。他人が身につけた服は、取り憑かれているようで端的に気持ちが悪いから、だからこそ交換される商品となるために、縁や人格を断ち切る神仏の力（＝市場）が必要なのだ。

また逆に「交換価値のみの商品」であるおカネと、商品としてのファッション・アイテムは、等価交換されるの（はず）であるが、「カッコいい」は決して載っからない。ミュージシャンにとっての「楽器」や大工が使う「道具」みたいに、手にする物を「使いこなすこと」。技術や技巧、技芸のような何か、これが「着こなし」なのだろうが、それがないと単なる「所有物」である。

鷲田清一さんの近著『つかふ　使用論ノート』（小学館）にはこう書かれている。


道具を使うことは道具の構造と交わり、それになじんでゆくということであり、そのなかで〈わたし〉のふるまいや活動の構造も否応もなく変換されてゆく。使用とは、使用者がみずからの構造を物に押しつける、つまりそれを統制下に置くということではなく、異なる構造を受け容れることで逆に自己を拡げてゆくということなのである。道具を呑み込んでゆく過程は、道具に呑み込まれてゆく過程でもあるということなのだ。

これは、自らがつくるジーパンを「道具」だと言ってはばからず、「ジーパンを穿くということは、自分の体への馴染み方や、色落ちの過程であり、そこにおしゃれがある」と言う、リゾルトのクリエーター林芳亨さんの言説に驚くほど近い。

鷲田清一さんは続けて「衣裳」にも、次のようにふれている。

習慣（custom）は衣裳（costume）と意味が通じていること、これがなぜ使う者の自己変容とつながるのか。衣裳を身につけるということのもっとも劇的な効果は、人の表面が皮膚から衣裳の表面へと移行することにある。衣裳を身につけているときに、もし他人がその衣裳の下へ手を差し込んだなら、それは〈わたし〉への蹂躙となる。衣裳の内側は〈わたし〉の皮膚の外側であるにもかかわらず、〈わたし〉の内部とみなされ、感じられる。その内部が、何かの使用とともにどんどん更新されてゆく。使用されるものの異質な構造を呑み込んでゆく。呑み込みつつ、それに制覇されていく。

もう少し拡げて言うと、衣裳つまり服と身体の関係は、服を着るひとから（道具として）

着られる服の一方向ではない。服を着るということは、自分の身体とは別の「衣服の構造」を受け容れることで、その延長線上にファッションの世界があるということだ。

衣服は身体を自然状況から物理的に守ったり、機能的に拡張したりするが、身体自体の感覚的な変容をもたらすから、それを着て「世界と関わるとき」は「おしゃれ」を目指す。

これが「交換」の原理からはみ出た「贈与」にあてはまる部分ではないか。

相応のおカネで買ったエルメスのカシミアのコートや200番手双糸の生地を使ったアルモのシャツにしても、「良いものはやっぱり良い」というような見方で、衣服から素材自体の「使用価値」だけを引き剝がしてしまい、「使用するもの」と思いこんでいる限り、おしゃれは遠い。

「カッコいい」の構造は、「おカネでなんでも買える」とか「おカネを払ってなんとかしてもらおう」ということとは違う位相にある。

そういうことは、街の服屋で「おしゃれの先輩」に教えてもらったりしたが、そういう店はもう絶滅寸前であるから、そういう人がもういない。

モードとは世間であり、ファッションは利他である

ファッションはしばしば「うわべだけのもの」という言われ方をする。逆にファッションは「自由と個性の表現」であり、「ライフスタイル」であると言われることも多い。

わたしは「ファッションは生き方だ」などと言われると、確かにそうかも知れないと思う反面、「反体制のオレはこれしか着ない」と金色のモヒカンヘアと鋲を打ちまくったパンク・ファッションをまっすぐに想像したりして、その「生き方」とは「ある社会集団内の環境下での出来事」にすぎないのではないかという気がする。

また逆の「生き方がファッションだ」という言明は、大変に芝居がかっているように思える。

今度は一歩譲った言い方で「生き方がファッションであっても良い」としてみると、ちょいワルおやじの「モテるためのデニム」や「女子ウケのブランド」みたいな生き方の感じがして情けない。ちょいワルおやじが、「ええ服とうまい酒と飯に命がけ」

になる全ワルおやじより常にショボくてダサいのは、当然「生き方が足りない」からだ。

服とひとの生き方に関して言えば、今なおその記憶をとどめるイギリスやフランスの階級社会をつくるそれぞれの「社会集団」には、階級間の区別が守られている。それはどこに住んでいてどんな職業であるかなどの区別でもあり、どこでなにをしているかの違いでもある。何を着るかについても、上流階級には「地位・権力・育ち」を象徴する装いがあるとおり、ファッションについては、たとえば制服のようになかなか自由や個性だけではその「ややこしいところ」を超えられないものがある。

象徴はこれすなわちブランドである。山田登世子さんの『ファッションの技法』（講談社現代新書）にはこうある。

――ねえ、みなさん、うちの大学ってすごいですよね。キャンパスでほとんど全ブランドにお目にかかれますものね。プラダにグッチにルイ・ヴィトン、必ずもってるひとがいるでしょう？　わたしなんか、そんなみなさんの「勇気」に敬服してしまうの。だって、こう言っては嫌味ですけど、わたし、専門的にお勉強してしまったものですから、教養がじゃましてしまって、とてもルイ・ヴィトンなんてもつ気になれないんです。そうなんですよ、ねえ、みなさん、ルイ・ヴィトンって、それもってバスや地下鉄に乗ったりするようなバッグじゃないの！というより、そもそも自分でもつようなバッグじゃないんです。そうなの、ルイ・ヴィトンって、召し使いにもたせるバッグなんですよ！

その日、たまたま教室にルイ・ヴィトンをもって来た学生はフクザツな顔をしてわたしをにらんでいる。わたしは、しらっとした顔で、講義を続ける。

山田登世子さんは、大変イケずで面白いことをおっしゃる。本来、自分のバッグを他人に運ばせる階層のひとでないと、ルイ・ヴィトンは似合わない。そういう約束事になっているとのことだ。けれどもしかし、ここは日本である。

わたしらの70年代に最初のモードの入り口であった「トラッド」は「アイビー・ファッション」であり、アメリカのアイビーリーグ＝エリート大学を出た人間に特徴的なスタイルだ。具体的にはボタンダウン・シャツでありナチュラルショルダーに3つボタンのジャケットである。

先のルイ・ヴィトン的に言うと、HARVARDと書いたトレーナーやプリンストン大学のワッペンがついた紺ブレを着ること、それはいわば階級についての「象徴の泥棒」であり「経歴詐称」ではないか。その人気アイテムがVANジャケット製であるとかないとかいう「服自体」の話は関係ない。

階級あるいは階層社会においての位階に応じたブランドがあるということと同様に、そのひとから垣間見える「趣味」や「テイスト」についての「良い／悪い」が「文化資本」として機能するという社会性は厄介だ。これは英仏に限られず日本でもある。「お里が知れる」というのがそれに近い。生まれ育ちなど社会環境によって受け継がれてきた文化資本によって階級があらかじめ決定されるという「世の中」や「世間」は、多くの人たちにとって大変窮屈で生きづらい。

ピエール・ブルデューも言っているが、「趣味とは嫌悪」であり、その人が貴族階級であろうが農民であろうが関係なく、他人の趣味に対して「なんだかなあ」とか「あれはだめだ」「話にならん」とかがまずあって、これはたとえばルイ・ヴィトンやユニクロといった記号のレベルではなく、自分のパーソナルヒストリーによる生き方が関わってくるから余計シビアにならざるを得ない。

もちろん他人の趣味に関しての嫌悪のいきつくところは、わたしの趣味に関しての正当性であり優位性を成り立たせる「押しつけ」である。これは言うまでもなく階級権力闘争的である。

出自や育ちゆえ「エルメスのバッグを持つのはダメ」というのはどういうことか。何で俺の高校生の娘がアルバイトでせっせと貯めたカネでルイ・ヴィトンのバッグを買うて持ったらあかんのか。「そもそもが似合わん」のだろうか。

貴族つまり階層上位者がそこで文化資本を発揮する「趣味の問題」は、「良い／悪い」「下品／上品」というバイナリーコードなのだろうが、筋張った日焼けの手首や指、首にジャラジャラと合計1キログらいあるんじゃないだろうかというゴールドをまとわりつかせたパリのおばはんや、わざわざ破ったジーパンからひざを見せてジャケットを着て夜もサングラスをかけて裸足で革靴を履いてミラノの世界のブランドのブティックが並ぶ通りをうろうろしているにいちゃんは、「シックやエレガントとは違うと、俺は思うわ」と思っている。

話はそれるが、この「シック」については、『ロラン・バルト　モード論集』（山田登世子編訳、ちくま学芸文庫）で、バルトは、いつも同じ型をつくって、毎年それに「変化をつける」だけのシャネルをクローズアップして、「シック」という着古した崇高な時間こそがシャネル・スタイルの決定的な価値だ、と書いている。

そういうふうな言い方で「シック」を書いてもらえると、なるほどファストファッションとは違うんである、とよく分かる。

ロラン・バルト　60～70年代の戦後フランスの構造主義の流れの中、記号論、テキストの快楽、エクリチュールなど、鋭い視点から「書かれたもの」を語った。日本文化を分析した『表徴の帝国』（新潮社）は図版も見応え大。この人もずば抜けてオシャレな学者である。

「何も表わさない書《グラフィー》……」
（ロマリック・シュルジェ＝ビュエル提供）

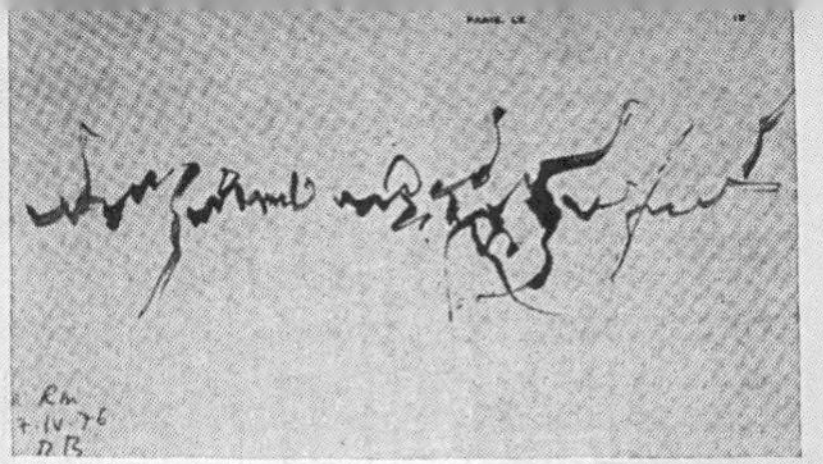

「可能なかぎり多くの味わいを……」——1973年，高等研究院のセミナー（「レクスプレス」誌提供）

ロラン・バルト（『ロラン・バルト伝』みすず書房）

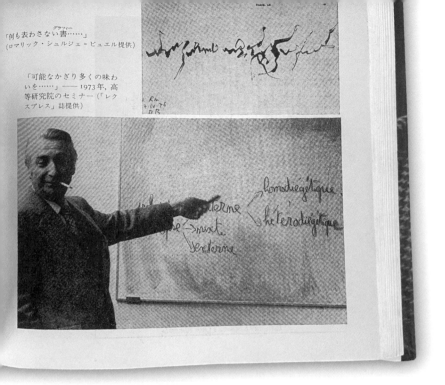

これも余談だが、写真に残る煙草を吸っているロラン・バルトやメルロ＝ポンティはかっこいい。「ファッションがあかんやつ、ダサい人の思想や哲学は信用でけへん」というわたしの決めつけは、知の巨人たちの「良い趣味／悪い趣味」を分別してきた経験による。

どこでどんなふうに服を着てきたか。

それは始まりとしては家庭であり学校であり先輩であり、どんな街の風俗や文化下の時代でどんな服飾がモードとして成立しているかの時に、自分がどんな服を選んできたか。この着るものについてのパーソナルヒストリーは、それこそ自分の「世間」である。自分が18歳だった頃の長髪のサーファーだった写真を見て、わたしは「若気の至り」で恥ずかしいと思うが、世の中には写真を見せて自分が若い頃から「正統性のある装い」をしていることを自慢する人も多い。

けれどもロレックスのデイトナを付けていたり、フェラーリに乗ったりすることは、「すごい」と言われはするが、日本では単に並外れたカネ持ちであるということを象徴するだけで、社会階層を表す「ブランドもの」としては機能しない。むしろ「悪い育ち」に見えるのではないか。成金的「見せびらかし」はダサい。そういった「趣味」に対しての嫌悪は階層を示すそれではなく、「世間」であるはずだ。

ロレックスのデイトナ　文字盤にストップウォッチや12時間積算計など2〜3種の機能を併せ持った時計をクロノグラフというが、ロレックスの代表的クロノグラフ・モデルがデイトナ。60〜70年代のモータースポーツ〜カーレースの象徴として存在感大。

そういう人たちの集まるパーティーに行ったことがあるが、それは先ほどの「ある社会集団内の環境」の内部にいる限りはモード的で、ちゃんと「場」や「界」としてのドレスコード的なシステムが作動しているふうに見えた。つまりわたしこそがそこでは「場違い」だったのである。この「場」というのが、とある「世間」そのものである。

わたしは寺が多かった城下町の町中に育ったので、よくお坊さんの姿を目にしたが、夏の紗や絽の法衣は涼しい。いや、実際には暑い夏にそれらを着て涼しいからではなく、他人からの見た目である。世間を涼しくしてあげる「利他」なのだ。それが「いつもあの和尚さんはお洒落やなあ」であり、祇園や先斗町の打ち水の風景と感覚的には同様なのだと思う。

ものすごく暑くて湿気のある日本の夏のプールサイドやリゾートっぽいバーに、麻のジャケットに短パンにハイソックス、といった出で立ちの人を目にするが、単に「見せびらかし」なのか、「おしゃれな人」と思われるのかは、その「場」に入り、参加する際に、装うことが「利他的なのかどうか」なのだろう。なので「ファッションに興味がない」から「着るものに無頓着だ」というのは迷惑でしかない。前者であれ後者であれ「むやみに目立つこと」はすなわち場違いだ。

また文化資本的に「得するファッション」なんていうのは、高級ブランドの「定番を押さえる」ということぐらいで、時代のモードの楽しみからは遠い。

一人一人が互いに「あの人、おしゃれだなあ」と思うような「場」にいること。仕事場でもパーティーでも、そこにいて時間を共にする成員のみんなが良い気分になる。そもそも社交（界）というのはそういったある種の感性が刺激される場なのだろう。

階級階層や上品／下品、良い趣味／悪い趣味の二項対立を突破するファッションは、利他主義のセンスなのであって、決してハイファッションやモードの先端を追い求めることではない。もちろん奇をてらったり反対に無難を求めることでもない。

こういう場所で、こういうメンバーだからと思い浮かべて、あのシャツとあのパンツを合わせたらこうなった（＝うまいことといった）、という事実の繰り返しだ。「おしゃれ」は偶然であり、「何かのはずみですっごいうまいことといった」スタイルの定着、ということなのだろうが、そのベースには利他、「人がより楽しくご機嫌に過ごせること」へのアンテナとチューニングがあるのだと思う。決して損得ではなしに。

おわりに――ファッションは「等価交換でない」と「過ぎたらあかん」

初校の朱書きを入れながら、ユニクロの柳井会長兼社長のインタビュー記事を読んでいた。日経ビジネスである。

ユニクロがいち早くインドに出店したいきさつについて、そしてモディ首相と会ったことなどを含め、「日本の繊維産業はインドにどんどん店を出せばいいんですよ」と言っていた。

インタビューアーは『伊藤忠 財閥系を超えた最強商人』が近著の野地秩嘉さん。リード文で、同社の2022年8月期の連結売上高は2兆3011億円。ZARA、H&Mに次ぐ世界3位の売上であると書き出し、14億人の人口を抱えるインドは巨大市場であり、残された数少ないフロンティアだと続けている。

売上高などの数字は、アパレル企業としてのありようを雄弁に物語るが、「カッコいいとは一体、何か?」を物語る観点ではない。至極当然のことであるが、売れているからカッコいい、という一般式はない。

ファッションがどんどんグローバルスタンダード的にのっぺりしてくると、なんだか限りなく制度や体制や権力機構に近づいているような気がして、これは反ファッション的というか、決定的にモードの世界をつまらなくする。

あとがきはだいたいが校正が終わってから書くものだが、初校で脚注を入れることになった。

早々のページでコムデギャルソンにかかる。「なにを書こうか」と思案して、まず川久保玲を検索した。すると2012年の朝日新聞のインタビューが引っかかった。「すぐ着られる簡単な服で満足している人が増えています。他の人と同じ服を着て、そのことに何の疑問も抱かない。服装のことだけではありません。最近の人は強いもの、格好いいもの、新しいものはなくても、今をなんとなく過ごせればいい、と。情熱や興奮、怒り、現状を打ち破ろうという意欲が弱まってきている。そんな風潮に危惧を感じています」

川久保さんはいつもそうだが、インタビューの写真も文句なしにカッコいい。

服をつくる人はもちろんこの世の中つまり資本主義下において、よく売れる服をつくることを目指さないといけない。

そんな高校生でも思い浮かぶあたりまえのことを考えながら、当のクリエーター自体が、あらゆる面でカッコよくなければ、つくる製品のカッコよさを担保することはできないのではないか、などと思ったりした。つまりファッションは服を着た生身の人間のことであって、売上高とか人気ブランドランキングとかのデータや情報ではない。

この本を書こうとした動機は、服を着るという営為がすなわちカッコいいを目指すこと。そういう人間の、服を着る行為の方向性そのものに興味があって、それじゃまず自分自身がやっていることから語り始めよう、という次第だった。

長い間やっていた雑誌で「カッコいいは、難しいか？」という取材コラムの連載を担当していたことがあり、ファッションの世界は等価交換でない、ということもあたりまえのことに行き着いたのだが、コストパフォーマンスを求めるというか、そもそも装いにかけるコストにそのリターンを求めるのは無理筋なのである。ファッションはカネがすべてなのか、カネなどまるで関係ないのか、という二項対立を考えている限り、ど壺にはまっているのだ。

ではどうするか。

きれい過ぎるは隙がないからあかん。

品よくし過ぎたら垢抜けへん。

可愛くし過ぎたら鈍くさい。

粋にし過ぎたら下品なる。


大阪の50代の知人が、常々母や祖母に言われてきた台詞《せりふ》だ。

上方の文化資本に囲まれて育ったかの女は、着付けやお茶やお花の先生であり、毎日「カッコいいをいともたやすくやっている」、などとわたしは思うのだが、「着たい着物はほとんど祖母や母に反対されて嫌やなあて思ってましたけど、後から考えたらやっぱり先輩方の話はあってるんですよね」とのこと。

それすなわち「過ぎたらあかんの良い加減」なのであろうと思われる。

足かけ3年の長い連載で、最後は「モードとは世間であり、ファッションは利他である」に行き着いたのだが、通じるところあるというか、「うまいこと言うな」である。

CALIF.

◎著者について

江 弘毅（こう・ひろき）1958年、大阪府岸和田市生まれ。編集者・著述家、神戸松蔭女子学院大学教授。89年月刊『ミーツ・リージョナル』の創刊に携わり、12年編集長を務める。ファッション・ページも長く担当。「街場」を起点に多彩な活動を繰り広げている。『K氏の大阪弁ブンガク論』（ミシマ社）、『「うまいもん屋」からの大阪論』（NHK出版新書）、『いっとかなあかん店 大阪』（140B）など、大阪について書かれたもののほか、『「街的」ということ』（講談社現代新書）、『有次と庖丁』（新潮社）、『神戸と洋食』（神戸新聞総合出版センター）などの著書がある。

本書は、亜紀書房ウェブマガジン「あき地」にて連載の原稿（2019年12月17日〜2022年5月3日）に加筆・修正を行い、書き下ろしを加えたものです。

なんでそう着《き》るの？
問《と》い直《なお》しファッション考《こう》

二〇二三年六月三〇日 第一版 第一刷発行

著者 江 弘毅

発行者 株式会社亜紀書房
〒一〇一―〇〇五一 東京都千代田区神田神保町一―三二
TEL 〇三・五二八〇・〇二六一
https://www.akishobo.com/

装丁・レイアウト 矢萩多聞
写真撮影 吉田亮人（カバー、表紙、二〇七頁）
印刷・製本 株式会社トライ
https://www.try-sky.com/

 ISBN 978-4-7505-1792-6 C0095